ASSOCIATION CATHOLIQUE
DE LA JEUNESSE FRANÇAISE

UNION DÉPARTEMENTALE DE L'AVEYRON

Œuvres de Jeunesse

« Votre Jeunesse Catholique
sera le Salut de votre Pays. »
(LÉON XIII.)

EN VENTE
à la Librairie H. CÉLIÉ, rue d'Armagnac
RODEZ
1904

Prix : 1 fr.

Association Catholique de la Jeunesse Française

COMITÉ GÉNÉRAL, 76, *rue des Saints-Pères.*

Président : Henri BAZIRE, 20, rue de Magdebourg.
Aumônier : M. l'abbé TOURNADE, 21, rue de Sèvres.
Vice-présidents : Jean LEROLLE, 16, avenue Bosquet
Cte ROUILLÉ D'ORFEUIL, 119, rue de Lille.
Membres : V. BETTENCOURT, 14, avenue de l'Observatoire.
Joseph DENAIS, 56, rue Jouffroy.
Joseph GELLÉ, 76, rue des Saint-Pères.
Gaston LACOIN, 3, rue de l'Université.
Georges PIOT, 13, rue de l'Abbaye.
Louis ROLLIN, 32, rue Lacépède.
Joseph ZAMANSKI, 7, rue Littré.

UNION RÉGIONALE DU MIDI

COMITÉ DE L'U. R. M

Président : Alexandre SOURIAC, 5, rue du Taur.
Vice-présidents : Louis PAGÈS, 45, rue du Rempart-St.-Etienne.
Ch. Maurice BELLET, 15, rue Peyras.
Secrétaire : Henri ROUZAUD, 31, rue du Faub.-St.-Etienne.
Trésorier : Louis THÉRON DE MONTAUGE, 75, Bd. Carnot.
Membres : PICASSE, — DE GIRONDE, — DENIAU, — RENDU, — BOYER, — HYCAU, — MOLINERY, — MARTY.

UNION DÉPARTEMENTALE DE L'AVEYRON

COMITÉ PROVISOIRE.

Président : Henri BONNAFÉ, 3-9, Bd. d'Estourmel.
Secrétaire : Louis SERIN, 3, Place de la Cité.
Trésorier : André VIGROUX, 3, Bd. de la République.

ASSOCIATION CATHOLIQUE

DE LA JEUNESSE FRANÇAISE

UNION DÉPARTEMENTALE DE L'AVEYRON

Œuvres de Jeunesse

« *Votre Jeunesse Catholique sera le Salut de votre Pays.* »

(Léon XIII.)

RODEZ

IMPRIMERIE ÉLECTRIQUE - HENRI COLOMB FILS

14, Rue Combarel (en face de l'Hospice)

1904

Rodez, le 31 janvier 1904.

A cette heure, où l'on ne peut envisager l'avenir, sans se sentir envahi d'une angoissante tristesse, tout le monde convient qu'il n'est plus permis de demeurer encore insouciant et inactif devant le torrent du mal déchaîné. Tous, jeunes et vieux, laïques et prêtres, nous comprenons que nous sommes dans l'impérieuse obligation de travailler, sans réserve, à la construction des digues qui doivent arrêter son cours dévastateur.

Mais que faire ?

Encore une œuvre nouvelle!... Il y en a déjà tant.... Et l'on est si débordés... Et l'horizon s'obscurcit quand même... Peut-on sans témérité entreprendre encore davantage ? Oui certes répondrons-nous avec insistance. Et cette œuvre à laquelle nous vous convions, c'est une œuvre urgente entre toutes, puisqu'elle a pour but la formation et l'organisation des jeunes générations, qui seront la France de demain.

L'ennemi, redoutable entre tous, ne l'oublions pas, c'est l'athéisme, c'est la guerre à l'idée religieuse, sans laquelle il ne peut exister que des intérêts à satisfaire et des appétits à assouvir, au bénéfice du plus fort.

« Le plus gros danger qui mine la France, écrivait dernièrement, non sans quelque crânerie, M. Ripert, député des Bouches-du-Rhône, c'est l'école sans Dieu »!... Ce cri d'alarme était répété, hier encore, par LL. EE. les vénérés cardinaux Langénieux et Richard, se faisant l'écho des douloureuses préoccupations de tous les catholiques de France :

« Nous avons peur pour la génération des enfants, qui vont subir dans toute la France, la funeste influence de l'éducation nouvelle....»

Ce danger social ne peut que se continuer, plus redoutable encore, au lendemain de l'école, lorsque l'enfant se trouve jeté dans la mêlée humaine. Comment espérer qu'il puisse échapper aux mille dangers qui l'y attendent, s'il y est seul, isolé, alors surtout que les sectaires multiplient à l'envi ces institutions, destinées à les constituer les maîtres incontestés de la jeunesse « depuis l'école jusqu'au régiment », et qui ont nom : sociétés de gymnastique, — œuvres post-scolaires, — cercles d'étudiants, — cours d'adultes..

Les catholiques qui se sont imposé de si lourds sacrifices pour défendre l'enseignement libre, auraient fait œuvre vaine, s'ils devaient abandonner l'enfant aux dangers de la quinzième année et le laisser accaparer par les organisations soi-disant neutres qui le guettent. Certes, il y a longtemps, qu'ils ont compris la nécessité des œuvres de jeunesse. Ils ont même si bien fait que les adversaires n'ont rien trouvé de mieux que d'imiter leurs Patronages, leurs Cercles et leurs Cours du soir ; mais en imitant ils ont parfois matériellement perfectionné. Il faut qu'à notre tour nous imitions ceux qui nous ont plagiés, et que nous les suivions, pied à pied, sur ce terrain : il y va de l'avenir même du pays.

C'est donc un devoir de jour en jour plus impérieux de créer des œuvres post-scolaires, de réveiller celles qui végètent. A côté de chacune de nos écoles chrétiennes, il est nécessaire qu'il s'organise une œuvre de jeunesse qui la complète. Nous ne pouvons attendre le salut que du retour aux principes de l'Evangile, les seuls capables, à cette heure, de résister efficacement contre les théories subversives du collectivisme athée et révolutionnaire, qui serait le maître de demain, si nous n'y prenions garde.

La lutte se circonscrit aujourd'hui très nettement entre des conceptions philosophiques et religieuses différentes. Les catholiques ne peuvent par suite se désintéresser du combat puisque l'enjeu en est leur Foi et leur morale. Leur devoir est donc de prêcher cette Foi, cette Foi qui sauve, et qui dès ici-bas console et fortifie, à ces masses populaires que la Libre-Pensée menteuse, et le socialisme traître à sa prétendue mission, détourne de la vérité, en même temps que des préoccupations les plus légitimes sur leur sort, pour les lancer dans les luttes stériles et mauvaises de l'anticléricalisme. Il faut leur démontrer non seulement par des paroles, mais aussi et surtout en vivant la doctrine évangélique, — en vivant notre catholicisme, — que notre morale, toute faite de fraternité et d'amour, est toujours jeune, toujours vivante, la seule capable de panser nos plaies modernes.

Il faut donc que, dans toutes les paroisses de notre pays, les jeunes se groupent et s'organisent, afin de s'entraîner mutuellement à la pratique du devoir social. Le but et l'idéal de ces organisations doit être de former de jeunes hommes aux convictions chrétiennes fortes et sincères, — des catholiques pratiquants, — et elles auront par le fait même préparé des citoyens utiles à leur pays.

Et c'est à vous, prêtres du Christ, qui avez reçu la mission officielle de paître les brebis du Bon Pasteur, qui êtes par suite les éducateurs nés de l'enfance et de la jeunesse, qu'appartient l'initiative de ces groupements. Ne dédaignez aucun des moyens nouveaux, que la pratique vous suggèrera, pour rendre votre apostolat plus fécond. Vos jeunes paroissiens n'attendent souvent qu'un signe, qu'un appel, ne le leur faites pas attendre.

Et l'œuvre créée, n'oubliez pas que vous avez l'obligation d'en demeurer les guides et les conseillers. Lacoin traduisait dernièrement votre rôle à cet égard en une image saisissante lorsqu'il vous comparait aux rails de la voie ferrée, grâce auxquels la locomotive peut coloyer les pires abîmes, sans le moindre danger.

Quant à vous, jeunes catholiques, qui ne voulez pas désespérer de l'avenir de votre pays, souvenez-vous que ce sera grâce à notre union féconde, à notre discipline, que nous réussirons à rendre, à nouveau respirable, l'atmosphère dans laquelle nous suffoquons. Mieux et plus que tous autres nous avons le droit et aussi le devoir de préparer ce tendemain que nous sommes appelés à vivre, — cet avenir qui sera ce que nous l'aurons fait.

Levons-nous donc nombreux à la voix de nos pasteurs, et sachons vouloir résolument ne pas rester des inutiles dans une société qui n'aura jamais trop de bonnes volontés.

Au récent Congrès de Rodez, il nous fut donné de constater que si les œuvres de jeunesse n'étaient point plus nombreuses; c'est qu'on ne les croyait pas généralement réalisables. Faute d'en connaître les conditions, et les facilités de fonctionnement, la plupart des hommes d'œuvres hésitaient à les entreprendre. Aussi l'un des vœux, les plus applaudis, du Congrès, fut-il l'invitation au nouveau comité de « l'Union départementale » de publier au plus tôt une sorte de « Petit Manuel des Œuvres de Jeunesse » qui résumât et réunît sous un très petit volume, les principaux documents et renseignements épars jusqu'ici dans maints livres et Revues.

C'est pour répondre à ce désir, que nous nous décidons à faire paraître ces quelques pages, dans lesquelles nous nous sommes efforcés de ramener quelques-unes des solutions, que la pratique a essayé d'apporter au problème de l'éducation post-scolaire en France. C'est à l'expérience des maîtres en la matière, que nous avons demandé de nous servir de guides, nous bornant à reproduire leurs conseils, et les exemples vécus qu'ils nous ont donnés.

Dieu veuille que, dispersées par le vent, elles pénètrent jusqu'au fond des plus humbles paroisses rurales, pour y sonner le rappel des jeunes recrues, qui n'attendent qu'un signal, pour signer un engagement volontaire dans la grande armée de cette « Jeunesse catholique », que quelques mois avant sa mort, le glorieux Pontife Léon XIII, *en une vue prophétique vers l'avenir, saluait comme la « libératrice de notre pays.... »*

Puisse cette réconfortante prédiction susciter et réveiller partout les bonnes volontés. Qui oserait douter que lorsque nous serons légion, lorsque chaque clocher de notre vieux sol gaulois abritera de son ombre bienfaisante son bataillon de jeunes braves, franchement catholiques et résolûment disciplinés, notre chère France ne soit bien près d'être sauvée....

Pour le Comité
de l'Union Départementale de l'Aveyron

Le Président,
HENRI BONNAFÉ,
Avocat.

Le Secrétaire,
LOUIS SERIN,
Rédacteur à l'*Union Catholique*.

LES CATHOLIQUES
& LES ŒUVRES DE JEUNESSE

I. *Un Réveil....*

La « Jeunesse Catholique » s'organise.

» C'est une chose nouvelle que la Jeunesse Catholique dans notre » pays, et qui remonte à dix-huit ans à peine.

» Autrefois, il y avait sans doute des jeunes gens Catholiques nom- » breux, excellents, dévoués; mais il n'y avait pas la Jeunesse Catho- » lique associée, unie, organisée, prenant conscience d'elle-même, » expression de la génération qui monte, et qui, s'il plait à Dieu, nous » donnera un avenir largement réparateur du présent... »

C'est par cette consolante constatation et ce réconfortant présage que le vaillant Président de l' A. C. J. F. Henri Bazire saluait tout récemment le réveil véritablement providentiel qui d'un bout à l'autre de la France soulève la jeunesse pour la défense de sa Foi persécutée.

Avec lui et après lui, tout homme de bonne foi est obligé de convenir qu'il y a quelque chose de changé chez les générations nouvelles qui naissent à la vie sociale. L'avenir les préoccupe à juste titre; de généreuses aspirations les animent. Pourquoi faut-il que cet élan soit paralysé par le souffle empoisonné de doctrines impies et sacrilèges qui prêchent la haine dévastatrice là où il ne devrait y avoir de place que pour l'amour réparateur.

La guerre à l'idée religieuse.

En réalité c'est une lutte acharnée qui se livre, à l'heure actuelle, pour déshabituer la jeunesse de la vieille chanson qui a fait la force de ses pères. Non content d'avoir déclaré une guerre à mort à l'Enseignement chrétien, il n'est pas d'efforts et de sacrifices que l'on tente pour accaparer l'âme du jeune homme au sortir de l'école.

Les œuvres postcolaires.

Les œuvres post-scolaires nouvelles sont devenues une arme très redoutable entre les mains de nos adversaires.

Chaque année *l'Officiel* consacre de longues colonnes à reproduire les Rapports de M. Petit qui nous révèlent un accroissement incessant de « cette floraison d'œuvres nouvelles, de cours, d'associations, de « conférences, de groupements, de sociétés d'instruction et d'éduca- « tion », qui ont surgi de toute part comme par enchantement.

Hier encore la Chambre des Députés votait un relèvement de crédit destiné à favoriser de plus en plus le développement des œuvres complémentaires de l'Ecole.

Et tout en reconnaissant, très loyalement avec Max Turmann : « tout ce qu'ont de louable les initiatives ainsi tentées pour généraliser « dans la jeunesse scolaire le goût de l'épargne et de la prévoyance, « on ne peut que regretter que ces efforts généreux soient viciés par « une arrière-pensée sectaire. Les meneurs du mouvement appartien- « nent en effet pour la plupart à la maçonnique Ligue de l'Enseigne- « ment, et avec le souci de l'instruction populaire, ils ont presque toujours la préoccupation de combattre l'Eglise, sous le trompeur prétexte de mutualité. (1).

Origines religieuses.

Or la plus élémentaire équité devrait faire reconnaître qu'ici encore les Catholiques ont servi de précurseurs, et qu'il n'y a eu qu'à copier en la déformant l'œuvre novatrice de l'Eglise.

Il y a beau temps qu'ils ont compris qu'il était nécessaire de donner un lendemain à l'école dont l'action s'arrête trop tôt et à une heure où l'enfant n'a pu encore s'assimiler les fruits de l'enseignement reçu. L'œuvre d'éducation devient en effet surtout utile et profitable « à ce moment précis, où le cerveau de l'adolescent s'ouvre aux idées générales, à cette heure par dessus toutes, où saisi par la ferme, la boutique, l'atelier, l'apprentissage du métier doit se doubler de l'apprentissage du caractère ».

Leur histoire.

Il serait intéressant de suivre pas à pas la marche ascendante et les progrès à travers les années écoulées de cette organisation sage et méthodique, mais obligés de nous restreindre nous renvoyons tous ceux à qui cette étude sourierait, à l'excellent ouvrage de M. Max Turmann : *Au sortir de l'Ecole*, où cet historique est fort à propos ramené.

(1) Cf. Max Turmann : *Au sortir de l'Ecole*. — p. 185.

Bienfaits de la statistique.

Qu'il nous suffise d'en extraire cette constatation consolante à bien des titres : « c'est qu'à la suite de la vaste et minutieuse enquête à laquelle s'est livrée la *Commission centrale des Patronages*, en vue de « l'Exposition de 1900, la statistique a établi, qu'en France, les catho- « liques dirigent eux-mêmes 36.842 œuvres ou institutions destinées « à moraliser la Jeunesse. Ces trente-six mille organisations se répar- « tissent en trois catégories : les patronages de garçons ; les patronages « de jeunes filles ; et enfin les œuvres diverses qui comprennent spé- « cialement les catéchismes de persévérance. »

Il apparait bien manifestement que ces dernières œuvres méritent aussi bien que les autres de figurer au nombre des Œuvres de Jeunesse, car aussi bien que les précédentes elles sont des réunions périodiques de jeunes gens, se proposant un but éminemment moralisateur (1)

Redoublement d'activité.

Depuis lors ces chiffres se sont encore considérablement augmentés. Grâce au zèle et à l'activité de la *Commission Centrale des Patronages*(2), une nouvelle impulsion a été donnée à cette œuvre. Son nouveau Président le Dr Michaux lui a infusé un renouveau de vie, en élargissant ses cadres et en orientant hardiment ses membres vers les sports et les exercices physiques.

Mutualités.

Le mouvement des mutualités qui semblait jusqu'à ces derniers temps avoir été par trop méconnu du côté des catholiques, paraît vouloir rattraper le temps perdu. Plusieurs groupes actifs ont entrepris de vulgariser les avantages indéniables que nous réserve cette nouvelle forme d'apostolat.

La *Commission des Patronages* vient d'instituer dans ses bureaux un Comité central de mutualités qui est chargé de répondre à toutes les demandes de renseignements.

La *Chronique du Sud-Est* mène vaillamment le combat dans toute la région du Lyonnais.

L'*Echo des Œuvres Sociales du Sud-Ouest* enfin s'est fait plus spécialement l'apôtre des mutualités catholiques et en particulier des mutualités scolaires. Il a également organisé dans ses bureaux un service

(1) Les résultats de cette enquête ont du reste été consignés dans un ouvrage : *L'Église et les œuvres sociales en 1900*, publié chez Poussielgue éditeur, Paris 1901.

(2) 7, Rue Coëtlogon à Paris.

spécial de renseignements où des spécialistes autorisés répondent à toutes les demandes qui leur sont adressées (1).

Œuvres d'éducation populaire. Les Cercles d'Etudes de leur côté se sont propagés comme une traînée de poudre d'un bout à l'autre du pays, grâce au zèle et à l'activité des jeunes de l'*Association Catholique de la Jeunesse Française* et du *Sillon*. Dans l'intervalle de ces quelques dernières années, toutes les régions de France, jusqu'aux plus reculées, ont été sillonnées de jeunes apôtres venant réveiller les léthargies, ranimer les courages, et donner la vie à bien des organisations qui sommeillaient à l'état latent ou n'attendaient qu'une étincelle pour prendre corps.

Cette forme nouvelle d'enseignement populaire répondait si bien à un besoin des temps présents, qu'il a suffi d'un vibrant coup de clairon pour faire surgir, jusques dans les milieux où l'on s'y attendait le moins, de nombreux bataillons de jeunes, ardents et disciplinés, ne demandant qu'à besogner pour la Cause.

Et un délégué du *Sillon* pouvait dire au récent Congrès de la « Jeunesse Lozérienne » à Mende : « Il y a trois ans, nos Cercles d'Etudes, « ou nos Conférences Sociales se chiffraient par quelques unités, dans « le grand Paris ; aujourd'hui nous comptons près de 100 Cercles, de- « main ce chiffre sera triplé ! ! ! »

Le Midi bouge. Mais alors que presque partout en France, les jeunes s'organisaient, le mouvement n'avait trouvé qu'un faible écho dans notre Midi. Bien des œuvres de Jeunesse y vivaient certes et y faisaient le plus grand bien. Mais, elles vivaient isolées, un peu perdues, s'ignorant le plus souvent entr'elles. Il y manquait ce souffle de vie qu'ont pour résultat d'insuffler les grandes réunions régionales, les grandes manifestations publiques.

Congrès de Montauban. C'est en vue de créer ce lien bienfaisant, de coordonner toutes ces bonnes volontés que le Comité fédéral de l'A. C. J. F. eut l'heureuse idée de convoquer les 24, 25 et 26 Octobre 1902 à Montauban tous les départements du Sud-Ouest, en un Congrès régional de toutes les œuvres de Jeunesse catholique.

L'appel fut entendu de tous, et Bazire Président général de l'A. C. J. F. eut le plaisir de pouvoir saluer les représentants et les délégués de

(1) Ecrire aux bureaux de l'*Echo des Œuvres Sociales*, 41, rue des Grands-Fossés, Tarbes.

Union régionale du Sud-Ouest.

toutes les organisations de la région. Durant trois jours, on y discuta et on y travailla ferme. Les bases d'une **Union régionale de la J. C. du Sud-Ouest** y furent jetées, et l'adoption de l'*Echo des Œuvres Sociales* pour organe régional ratifiée.

Et chacun s'en revint comprenant qu'une force nouvelle, qu'un regain de vie allait par le fait même être donné aux Œuvres de Jeunesse et bien décidé dès lors à faire écho, chacun dans son milieu, aux instructions abondamment données au cours du Congrès.

Et les fruits du Congrès de Montauban ont été incalculables, ont dépassé toutes les espérances.

Premiers résultats.

A un an de date, et le 15 novembre 1903, l'Union Régionale du Sud-Ouest, tenait ses premières assises, ses premiers petits états provinciaux, et chacun des délégués a pu véritablement rester stupéfait, à la vue du chemin parcouru. Indépendamment des groupes très nombreux dont le Conseil régional a eu à enregistrer la naissance, le baptême a pu être solennellement conféré aux quatre Unions départementales, de la Haute-Garonne, du Tarn-et-Garonne, de l'Ariège et de l'Aveyron. Si la réunion eut été retardée de quelques jours, elle aurait eu également le plaisir d'enregistrer la naissance de deux autres Unions départementales du Tarn et de l'Aude qui toutes deux n'attendaient que l'issue du Congrès départemental de leurs Œuvres de Jeunesse respectives, qui devait avoir lieu le 29 novembre, pour s'organiser. (1)

Et avec beaucoup d'à-propos, le rapporteur général, en se félicitant de ces résultats véritablement providentiels a pu conclure, que quand le Midi bouge, tout bouge, alors surtout qu'il s'agit de regagner le chemin parcouru.

L'Aveyron a bougé.

C'est également du Congrès de Montauban que date le réveil de la Jeunesse Catholique dans l'Aveyron. Jusques-là les différentes organisations, Patronages et autres n'avaient fait qu'échanger quelques rares relations. Au retour de Montauban les délégués de ces diverses œuvres se dirent qu'il y avait mieux à faire dans notre département.

Ils songèrent aussitôt à réveiller les cadres de la *Conférence St. Louis*

(1) A la dernière heure, le Lot et Garonne convoque tous ses amis a un grand Congrès pour le 28 février 1901 à Agen sous la présidence de NN. SS. les Evêques d'Angers et d'Agen en vue de la création d'une nouvelle union diocésaine!

de Gonzague qui soinmeillaient depuis plusieurs années, et dont l'affiliation à l'A. C. J. F. remontait à 1890.

Grâce à un appoint précieux de nouvelles recrues, les membres de la Conférence St. Louis reprirent leurs réunions du mardi, et virent rouvrir à nouveau les intéressantes discussions de jadis. Mais au lieu de vivre en égoïstes, ils cherchèrent à rayonner autour d'eux et à provoquer un peu partout l'enrôlement des Jeunes.

Ils se mirent très rapidement en rapport avec le *Patronage des Jeunes gens de Rodez* et aussitôt s'échangèrent entre les deux œuvres de cordiales et profitables relations.

Un contact non moins agréable s'établit également avec le *Cercle d'Etudes du Sacré-Cœur*, qui au lendemain du Congrès de Montauban s'était formé dans la paroisse du Faubourg St-Cyrice, pour recevoir les jeunes ouvriers avides de s'instruire et de se grouper.

Presque aussitôt se fonda, au Monastère-sous-Rodez, le *Cercle Saint Blaise* qui mérita le titre de premier cercle rural du département.

Les établissements libres d'instruction furent à leur tour sollicités afin de préparer dès le collège le recrutement de nos œuvres parmi les générations nouvelles.

Le Pensionnat St. Joseph et le Petit-Séminaire de St. Pierre tinrent à honneur d'être les premiers à entrer dans cette voie.

Idée d'un Congrès.

Un projet plus hardi fut alors conçu : celui d'organiser pour le mois de Juillet 1903, un Congrès départemental des Œuvres de Jeunesse de l'Aveyron, qui servirait à organiser une Union départementale de la Jeunesse Catholique Aveyronnaise.

Pour le mener à bien, il fut convenu que chaque dimanche on entreprendrait une tournée dans un coin quelconque du département, pour aller faire connaître la chose, et faire les invitations.

Sévérac, St-Geniez, Espalion, St-Côme, Millau furent tour à tour visités. Partout l'accueil le plus fraternel fut réservé aux délégués de la Conférence St-Louis, et partout on s'attacha à mettre à exécution le mot d'ordre donné en vue du prochain Congrès.

Entre temps, Rignac annonçait qu'il venait de fonder un Cercle d'études qui donnait les meilleures espérances.

La Jeunesse catholique à Lourdes.

Le 27 Avril, eut lieu le grand Pèlerinage national des hommes à N. D. de Lourdes. Une invitation pressante fut adressé à tous les groupes de s'y faire représenter. De nombreux pèlerins répondirent à l'appel, et furent loin de regretter leur voyage. Outre les consolations que procure toujours à tout cœur chrétien une visite à la Grotte où apparut l'Immaculée, ils eurent encore le plaisir d'assister à deux magnifiques réunions de l'A. C. J. F., l'une spéciale à l'Union Régionale du Sud-Ouest, et l'autre qui réunit dans l'enceinte du Chateau-Fort tous les jeunes du Pèlerinage venus par milliers de tous les coins de la France. Il n'est pas exagéré de dire que ces belles et imposantes manifestations furent le point de départ d'une action encore plus intense des jeunes catholiques dans tout le Pays.

Signal du réveil.

En tout cas, ce fut là que se précisa, pour nous, d'une façon définitive, l'idée d'un Congrès départemental de la Jeunesse Catholique de l'Aveyron et que nous obtînmes la promesse formelle de nos amis Lacoin et Bellet de venir assister à ses séances.

Mais ce beau pélerinage devait avoir encore un autre résultat bien précieux : celui de provoquer la création d'un de nos meilleurs groupes ruraux.

A son retour de Lourdes, en effet, un jeune catholique de *Luc*, M. Bro, écrivit à M. Serin pour lui dire que, enthousiasmé par tout ce qu'il avait vu et entendu, il était décidé à grouper ses jeunes camarades de la paroisse et à organiser avec eux un Cercle d'Etudes : il demandait seulement qu'on vienne de Rodez donner le coup de clairon qui devait rassembler la petite troupe.

Comme bien on pense, la *Conférence St-Louis de Gonzague* n'eut garde de négliger cette invitation et, le dimanche 10 Mai, plusieurs délégués se rendirent à **Luc** où ils jetaient les premières bases du nouveau Cercle. A l'heure actuelle, le groupe de Luc compte une trentaine de membres qui se réunissent très exactement une fois par mois, le dimanche après vêpres.

Le dimanche suivant, 17 Mai, le *Patronage des Jeunes Gens de Rodez* se rendait au **Gua** pour donner, dans cette cité industrielle, une séance récréative, Trois membres de la *Conférence St-Louis de Gonzague*. MM. Bonnafé, Ginisty et Serin, accompagnèrent leurs jeunes camarades et profitèrent de l'occasion pour faire une petite tournée de propagande dans cette partie si intéressante du département.

Et, après ce dernier voyage, on se mit résolument à la besogne pour préparer le Congrès départemental du dimanche 12 Juillet.

Nous n'avons pas l'intention de redire longuement ici ce que fut ce

Congrès de Rodez. Congrès ni d'insister sur le succès merveilleux qu'il obtint : des compte-rendus très complets ont paru, à cette époque, dans les colonnes de l'*Union Catholique* et de la *Croix de l'Aveyron* et, de leur côté, les deux organes de l'A. C. J. F. l'*Echo des Œuvres Sociales du Sud-Ouest* et la *Revue de la Jeunesse Catholique* ont donné, sur ces solennelles assises, les détails les plus intéressants.

Nous avons toutefois le devoir de renouveler, à cette place, l'expression de nos respectueux sentiments de vive gratitude à Monseigneur l'Evêque de Rodez qui, en acceptant de venir présider nos réunions, a donné à notre Association un nouveau témoignage de l'intérêt qu'il lui porte et dont nous sommes justement fiers, et qui, par son haut patronage et par sa présence, a assuré, pour une bonne part, le succès de notre Congrès.

Fait intéressant à noter et bien encourageant : *tous les cantons* du département étaient représentés à ce beau Congrès. Par suite, quoi d'étonnant si l'A. C. J. F. compte aujourd'hui des amis si dévoués dans tous les coins de l'Aveyron et si les groupes deviennent, chaque jour, de plus en plus nombreux ?

Ses résultats. On comprendra qu'un Congrès si réussi était de nature à avoir un grand retentissement dans tout le pays et à porter d'excellents fruits.

Et, de fait, le retentissement a été très grand, et les fruits ont été excellents et promettent d'être durables. En effet, à peine rentrés chez eux, les jeunes congressistes se sont mis à l'œuvre et, durant plusieurs semaines, le secrétaire de la *Conférence St-Louis-de-Gonzague* a eu la grande joie de recevoir, presque chaque jour, des lettres lui annonçant la création de nouveaux groupes, ou lui demandant encore des renseignements complémentaires.

Bien souvent, elles lui apportaient le désir de voir quelques-uns des membres de la *Conférence* venir présider une réunion de jeunes, et exposer, sur place, le programme de l'Association.

Malgré la période des vacances, ce désir a été exaucé à plusieurs reprises. C'est ainsi que, le dimanche 2 Août, M. Serin, accompagné de plusieurs membres du *Cercle d'Etudes du Sacré-Cœur*, se rendait à **Salles-la-Source**, où, après une petite causerie sur le but, le fonctionnement et les avantages de l'A. C. J. F. un groupe était fondé sous la présidence de M. Palayret.

De leur côté les jeunes d'Espalion et en particulier leur actif Président, M. Alphonse Rozier, rivalisaient d'ardeur pour organiser leur arrondissement.

Congrès de Saint-Chély.

Ce fut grâce à eux que, le dimanche 13 septembre, eut lieu à **Saint-Chély-d'Aubrac** le premier congrès cantonal, dans l'Aveyron, de la Jeunesse Catholique. *Trois cents congressistes* y prirent part : au cours de la première réunion, M. Rozier fonda l'*Union des Jeunes de St-Chély* et M. Malet, de Laguiole, parla des bienfaits des Syndicats et de la propagande de la bonne presse.

Après la messe, un banquet fut servi que présidait M. Philippe de Las Cases, et, à l'issue du banquet, eut lieu une réunion générale à laquelle assistaient toutes les notabilités du canton. On y applaudit successivement M. Niel, conseiller général, qui fit ressortir les avantages de l'Association en général, et M. Philippe de Las Cases qui développa le programme de l'A. C. J. F.

Rignac de son côté organisait son Congrès.

Congrès de Rignac.

Il eut lieu le dimanche 20 Septembre sous la présidence de M. Bonnafé, assisté de ses amis L. Serin, A. Vigroux et H. Célié, de la *Conférence St-Louis-de-Gonzague*. **Sept cent cinquante jeunes gens**, venus de tous les points du canton et même des cantons voisins, étaient présents.

Trois réunions furent tenues : une, le matin, avant la messe, consacrée plus spécialement à la jeunesse de Rignac, une autre à une heure de l'après-midi, consacrée tout entière à l'appel et à l'organisation des groupes, et la troisième, après les vêpres, qui fut la séance solennelle du Congrès.

A cette dernière séance, on entendit successivement M. Bonnafé développer le programme de l'A. C. J. F., M. Serin, parler des avantages d'une Union Cantonale, et M. Vigroux donner lecture des vœux du Congrès. — A noter aussi les intéressants rapports de M. Rebois, président du *Cercle d'Etudes du Sacré-Cœur de Rodez*, et des délégués des groupes de Bournazel et de Limayrac.

La manifestation religieuse du Congrès eut lieu aux Vêpres de la paroisse : tous les congressistes y assistèrent et M. l'abbé Vaurs y prononça une éloquente allocution de circonstance.

Les résultats de ces belles réunions ne se sont pas fait longtemps attendre puisque, grâce à elles, de nouveaux groupes viennent d'être fondés à **St-Félix,** à **Escandolières** et à **Anglars.** On nous annonce que d'autres sont en voie de formation dans ce même canton, notamment à **Goutrens.**

Espalion entre temps poursuivait sa croisade. MM. Rozier et Joseph de Castelnau, président du groupe de St-Côme, tenaient deux importantes réunions à **Estaing** et à **Coubisou.**

Congrès de St-Amans des Cots.

Puis est venu le Congrès cantonal de **Saint-Amans-des-Cots,** tenu le dimanche 25 Octobre, sous la présidence de M. Ginisty, avocat, vice-président de la *Conférence St-Louis-de-Gonzague*, assisté de M. L. Serin, secrétaire.

Ici encore, le succès a été complet : les congressistes, au nombre de *quatre cents*, ont pris part à deux réunions.

La première, qui a précédé la grand-messe, a été surtout consacrée à l'appel des groupes et à leur organisation. La seconde a eu lieu à 2 heures et demie. Plusieurs orateurs ont successivement pris la parole : MM. Rozier, Malet, de Castelnau, ont fait tour à tour ressortir la nécessité de lutter contre la franc-maçonnerie par les conférences, l'organisation et le bon journal. MM. Serin et Ginisty ont précisé le but et les avantages de l'A. C. J. F., et, avant de se séparer, on a procédé à la constitution définitive de *quinze nouveaux groupes.*

N'oublions pas de signaler le banquet de 120 couverts servi à l'*Hôtel Gondal* et les toasts qui y furent portés par MM. Serin, de Castelnau, Ginisty, Marc de Candèse et Laurent de Rives.

A l'église, deux manifestations religieuses : la grand'messe où M. l'abbé Roux, professeur de Rhétorique au Collège d'Espalion, fit entendre une éloquente allocution et le Salut du St-Sacrement qui, à 5 heures, clotura dignement le Congrès.

Le lendemain matin, lundi, M. Serin fut prié de s'arrêter à Espalion où il eût l'agréable plaisir de visiter le nouveau Cercle d'études fondé au *Collège de l'Immaculée Conception*, sous la direction de M. l'abbé Roux, et de constater sa vitalité et son bon fonctionnement.

Organisation de l'U. D. de l'Aveyron.

Tous ces magnifiques résultats ont été constatés, on comprend avec quelle satisfaction, à la première réunion du Comité de l'*Union Départementale de l'Aveyron*, tenue à Rodez le lundi 2 Novembre 1903. Car, ainsi que nous l'avons déjà dit, le Congrès de Rodez avait surtout pour but de provoquer la fondation de cette *Union* dont l'action bienfaisante ne va pas tarder à se faire sentir dans notre cher Aveyron.

Et se reportant à un an en arrière, au mois de Novembre 1902, date de la résurrection de la J. C. de Rodez, nous ne pûmes que nous féliciter du chemin parcouru, et prendre de nouvelles résolutions pour mieux faire encore à l'avenir.

Le Ségala n'ayant pas encore reçu notre visite, nous décidâmes d'organiser au plus tôt un congrès à **Cassagnes-Bégonhés**. Il eût lieu le 20 décembre et obtint un plein succès. Nombreux furent les groupes qui en repartirent avec leur bureau constitué, et après avoir pris date pour leur prochaine réunion.

Et le 7 février prochain, à **Marcillac** nous comptons réunir sous la présidence du camarade de Gironde, délégué de l'U. R. du Sud-Ouest, tous les jeunes de la région, ceux du Vallon aussi bien que ceux du Bassin houiller et des Causses.

Projets d'avenir.

Mais, ce qui a été fait n'est encore rien à côté de ce qui reste à faire: et voilà pourquoi nous allons continuer à travailler avec une nouvelle ardeur. (1)

De nombreux Congrès cantonaux sont en préparation dans tout l'Aveyron. Nos amis de St-Affrique organisent de belles réunions à Camarès, à St-Sernin, à Belmont et au chef-lieu de leur arrondissement. Ceux d'Espalion sont impatients de réunir toutes leurs troupes dans un Congrès d'arrondissement. Et de Millau, de Villefranche nous arrivent les meilleures nouvelles. Là aussi nous aurons des Congrès cantonaux et d'arrondissement, et des Congrès très réussis, parce que très bien préparés.

Puissent les premiers résultats rassurer les timides et réveiller les hésitants.

(1) Au recensement fait dans les derniers jours de janvier, 35 groupes avaient déjà affirmé leur existence et leur vitalité. Environ 15 autres donnaient déjà signe de vie.....

II. De la nécessité de grouper les Jeunes Catholiques à l'heure présente.

Nécessité de ranimer l'esprit chrétien dans les paroisses.

Tout individu, toute famille, toute société a besoin d'une morale : or il ne saurait y avoir de morale utile hors de l'idée religieuse. Vainement essaye-t-on d'échaffauder, de nos jours, des systèmes plus séduisants les uns que les autres de « morales laïques » : On ne saurait remplacer Dieu, qui seul peut nous dicter nos devoirs et nous donner la force de les accomplir.

Un fléau social.

Dès lors tout ce qui sape le *sentiment religieux* doit être considéré comme un fléau social, que l'on ne saurait trop combattre. L'indifférence religieuse devenant ainsi le grand mal de notre époque, c'est contre elle que doivent se diriger tous nos efforts. L'indifférence en effet engendre vite l'hostilité, et il faut à tout prix arrêter un aussi funeste mouvement, si nous ne voulons pas être témoins des pires catastrophes.

Ses causes.

Pour triompher d'un mal, il est nécessaire de remonter à ses origines, à la cause morbide qui lui a donné naissance. Pour lutter efficacement contre cette indifférence religieuse, il est donc opportun d'en connaître la raison d'être. Certes, le plus souvent il faut en chercher l'explication dans l'influence délétère des passions et des mauvaises habitudes. Mais elles ne sauraient suffire à étouffer à tout jamais le sentiment religieux.

Quiconque observe de près la vie de la grande majorité des hommes de notre époque est surpris de constater que sous les dehors de cette indifférence affectée, il existe un instinct religieux très vivace. Pour rien au monde on ne voudrait voir ses enfants non baptisés ; on veut se marier à l'Eglise, on ne veut pas mourir sans avoir fait appeler le prêtre, encore moins se faire enterrer civilement. Mais c'est tout.

Or à quoi tient ce manque de logique? Il ne sera pas trop téméraire d'en attribuer une grande part de responsabilité à la peur! peur d'être seul, peur de se singulariser en ne faisant pas comme les autres, peur d'un sourire, d'une parole. On ne pratique pas parce que dit-on on serait remarqué, on serait traité de « clérical » de « bigot ». Et petit à petit on se désintéresse — on se déshabitue de ses devoirs religieux, on en vient à penser que c'est bon seulement pour les femmes et les enfants !!!

Ses remèdes. C'est donc contre la peur et les préjugés qu'il faut avant tout lutter. Or ce respect humain détestable et pernicieux aura vécu, le jour où se seront groupés tous les jeunes gens d'une même paroisse, afin de se connaître et de ne plus se défier les uns des autres, — le jour où par des réunions générales, des manifestations publiques, ils auront compris qu'il y a encore des gens qui croient, qui pratiquent, qui partout luttent en France, qui rencontrant ailleurs les mêmes difficultés parviennent très crânement à les surmonter.

Mais ce ne serait pas assez ! Il est une cause plus profonde et plus grave encore à cette indifférence, en particulier dans les classes populaires, c'est l'absence, l'inexistence presque absolue jusqu'à ces dernières années de toute œuvre de persévérance post-scolaire. L'éducation religieuse de l'enfant s'arrête le plus souvent au lendemain de la première communion. Et l'on frémit en songeant combien peu nombreux sont ceux qui ont pu seulement parvenir à apprendre la lettre du catéchisme, d'une façon à peu près satisfaisante. Et cependant c'est avec un aussi piètre bagage religieux qu'on va se trouver aux prises avec les multiples dangers de l'atelier, du cabaret, de la rue.

Le contact de mauvais camarades, le sourire gouailleur d'un soi-disant esprit fort, ont tôt fait, n'est-il pas vrai, d'étouffer dans cette âme nullement préparée pour une semblable lutte, des convictions religieuses insuffisamment enracinées.

Et ces douloureux résultats se sont produits à une époque cependant où l'instruction de l'enfance a été, en grande partie tout au moins aux mains de maîtres chrétiens. Que sera-ce lorsque demain l'enseignement religieux proscrit du sol de notre France, les nouvelles générations ne recevront plus que les leçons soi-disant « neutres » de l'école laïque !....

L'enfant n'aura plus que les quelques rares et courts instants du catéchisme paroissial pour s'initier à la connaissance de la vérité religieuse.

Et n'y a-t-il point là de quoi faire trembler tous ceux que préoccupe l'avenir de notre pays si l'on ne se hâte pas, sans perdre une minute, de mettre le remède à côté du mal ? Et ce remède que peut-il être, si ce n'est l'organisation partout, jusque dans les plus petites paroisses, d'œuvres complémentaires de l'Ecole, destinées à continuer le catéchisme, à parachever l'instruction nécessairement sommaire qui s'y donne, à armer en un mot l'enfant contre les multiples ennemis de sa Foi.

Les « Œuvres de Jeunesse » sont une nécessité des temps présents.

Les « Œuvres de Jeunesse » s'imposent dès lors comme la nécessité la plus impérieuse des temps présents et sont devenus à l'heure actuelle d'une urgence absolue.

Le résultat le plus immédiat du reste de ce contact du prêtre avec ses jeunes paroissiens sera de faire tomber quantité de préjugés et de calomnies, qui courent les rues et qui sont tout simplement ineptes. En l'approchant de plus près, en pénétrant un peu dans son intimité, l'enfant et le jeune homme apprendront à le connaître ; et cela suffira pour qu'aussitôt ils se prennent à l'estimer et bientôt à l'aimer. Et Dieu sait, combien l'apostolat du clergé deviendra fécond grâce à ce rapprochement des cœurs et des intelligences.

La conclusion qui se dégage de ces quelques considérations c'est que le clergé paroissial a le devoir de parer aux besoins nouveaux par des organisations nouvelles. Il doit assurer la persévérance religieuse de l'enfance en même temps que maintenir groupés et unir les jeunes paroissiens plus âgés qui ont besoin de sortir de l'isolement pour rester bons, et pour se faire respecter.

Il faut donc sous des formes différentes organiser partout des œuvres de jeunesse. Les groupements devront être différents et aussi variés que le nécessiteront les circonstances de temps et de milieux ; mais il faut que toutes les générations jeunes y soient englobées.

Influence à prendre.

Dès ce moment les jeunes catholiques cesseront d'avoir peur de leur ombre. Ils deviendront des ardents qui entraîneront les indifférents et ces petits noyaux ne tarderont pas à prendre de l'influence dans la paroisse.

Par leur nombre ils sauront montrer assez de crânerie pour imposer silence aux adversaires et rassurer les hésitants. Quand on sait s'imposer, on sait se faire écouter. Et pour être respectés, ils leur suffira d'être à l'abri de tout reproche, d'être les premiers en tout : dans leur profession, — auprès de leurs concitoyens lorsqu'il y a un service à rendre, — dans leur commune, en étant au courant de toutes les questions,— auprès de leurs camarades en étudiant les grands problèmes actuels, afin de pouvoir placer un mot là où le besoin s'en fait sentir.

Bien mieux il leur deviendra par là même facile de se faire aimer autour d'eux, de passer en faisant le bien : c'est le rôle de tout catholique ici-bas. N'est-ce pas en effet la religion qui a donné naissance à toutes les œuvres modernes de charité, d'assistance, de prévoyance dans lesquelles un catholique se fait toujours remarquer par son dévouement ? Et n'est-ce pas la meilleure manière de la pratiquer que de vivre le grand commandement du Maître : « Aimez-vous les uns les autres » ?...

Besoin d'études.

Il est une autre nécessité de notre époque qu'il est opportun de solutionner à notre profit, si nous ne voulons pas qu'elle le soit contre nous. A l'heure actuelle où tout le monde lit, tout le monde discute, il faut donner des aliments sains et substantiels à la jeunesse — il faut permettre aux jeunes catholiques de se faire une conviction sûre et réfléchi, en toutes choses.

Les contrefaçons de l'histoire, les solutions hâtives et menteuses des plus difficiles problèmes prennent à l'aise possession des cerveaux dépourvus de toute science, de tous principes philosophiques et sociaux. Il faut dès lors préparer les jeunes intelligences à affronter ce contact sans risquer ; il faut les mettre en garde contre les sophismes et l'erreur qu'ils seront appelés à rencontrer sur leurs pas. Et pour ce faire, il faut leur apprendre à penser et à réfléchir par eux-mêmes, à lire utilement et avec fruit un livre, ou une revue, voir même le journal de chaque jour.

Formation d'hommes utiles à la Société.

En résumé c'est à parfaire l'éducation religieuse aussi bien qu'intellectuelle et sociale des jeunes générations, que doivent tendre les organisations paroissiales. Il est de toute évidence, en effet, que dans une Société démocratique comme la nôtre il est indispensable de donner aux citoyens une formation vraiment forte et virile. Il ne suffit donc pas de créer des œuvres de préservation, d'éloigner du jeune homme tout danger moral, mais bien plutôt d'aguerrir son âme par la lutte contre ces mêmes dangers. Il faut que les jeunes catholiques sachent vouloir et penser par eux-mêmes. La vie religieuse de nos œuvres doit donc donner des chrétiens militants, des hommes d'action fortement trempés et inébranlables. Ce doit être un apprentissage de la vie ! et puisque la vie est avant tout quelque chose de positif, il convient d'encourager l'initiative personnelle, de guider plutôt qu'entraver cette activité qui s'éveille. Il faut en un mot donner à ces futurs ouvriers, à ces futurs citoyens le sentiment de leur dignité d'hommes et de leur responsabilité de chrétiens.

III. De l'esprit et des tendances des Associations de jeunesse.

1° Enseignement religieux.

La première préoccupation dès lors doit être d'assurer, à tous ceux qui fréquentent le groupement paroissial, une instruction religieuse aussi complète et documentée que possible.

Le jeune homme doit trouver autour de lui et dans l'œuvre qu'il fréquente un enseignement religieux substantiel, qui le mette à même d'apprécier sainement les théories dont il entendra *forcément* l'exposé dans la vie de chaque jour. Cette formation doit même être l'œuvre essentielle, car c'est d'elle que dépendra l'avenir du groupe. Tout les grands problèmes religieux qui préoccupent les esprits contemporains doivent être abordés sans crainte et en toute loyauté. Il doit en être de même de toutes les hérésies historiques de tous les préjugés, de toutes les calomnies contre la Religion, l'Eglise, ou ses ministres, qui remplissent les journaux, courent les rues et les cabarets, en ne perdant jamais de vue que le but de ces études doit être avant tout de rendre le jeune homme capable de défendre utilement sa religion chaque fois que l'occasion s'en présentera.

L'apologétique chrétienne étant la base de toutes nos études, nous ne devons pas cependant négliger l'examen des questions sociales grâce auxquels nous pourrons nous rendre utiles à nos concitoyens.

2° Enseignement professionnel et social.

A côté de cette vie religieuse, de cette formation morale qui doit faire de nos jeunes gens, des chrétiens sincères et convaincus — des catholiques pratiquants, — il faut leur apprendre à être chrétiens dans tous leurs actes jusques et y compris ceux du *citoyen.* — D'où l'obligation de faire servir nos œuvres de jeunesse en même temps qu'à développer les qualités professionnelles qui doivent assurer l'avenir du jeune homme, à lui donner un enseignement social. Pour répondre à ce besoin, il convient d'orienter tous nos groupements vers la forme la plus parfaite, celle qui les résume et les complète tous, vers « le Cercle d'Etudes » ou « les grands » discutent entre eux avec

Orientation vers le «Cercle d'étude» et les œuvres économiques.

la participation du directeur de l'œuvre ou d'un conseiller d'études, les grands problèmes qui touchent aux intérêts généraux du pays.

La conséquence nécessaire de ces travaux sera de donner aux jeunes catholiques à côté de l'esprit d'initiative le fécond esprit d'association, fruits des grands principes de fraternité et de solidarité chrétienne, que le Maître est venu apporter au monde. La participation utile et au besoin leur création aux œuvres économiques et professionnelles deviendra ainsi le développement naturel et nécessaire des œuvres de jeunesse.

L'étude des sciences sociales a été trop délaissée jusqu'ici.

Par une étrange anomalie en effet, alors que notre siècle s'enorgueillit d'avoir transformé la face du monde, d'être le siècle de la science et du progrès, il doit reconnaître qu'il a fait cependant bien peu de choses dans l'application des sciences sociales.

A vouloir en chercher l'explication, ne serait-il pas permis de la trouver, du moins en partie dans ce fait, que l'étude des problèmes sociaux a été rarement abordée et poursuivie de bonne foi. On n'a que trop parlé certes, d'inégalités disproportionnées, de misères imméritées : mais bien peu, ce faisant, avaient la sincère intention d'en rechercher uniquement les véritables remèdes.

Les uns ont exagéré le mal, dans la pensée d'aggraver, à leur bénéfice, la responsabilité de leurs adversaires. D'autres ont préféré nier le malaise, afin d'être ainsi dispensés d'en proposer le palliatif. Partout et toujours on s'est préoccupé bien plus des conséquences politiques qui pourraient en résulter, que de chercher à le guérir.

Ne nous étonnons pas dès lors si le monde continue à souffrir, et si à défaut de notions précises sur les causes de sa souffrance, le peuple est toujours disposé à suivre les empiriques qui lui vantent leur remède, et si l'histoire des classes laborieuses est surtout celle de leur déception.

A nos organisations de réagir en travaillant efficacement à *la formation de cette élite sociale à qui incombe à l'heure actuelle le devoir de diriger les associations nécessaires au développement de la Démocratie !*

Exclusion absolue de la politique.

Mais il en résulte aussi qu'elles doivent se borner à être exclusivement des œuvres de formation et d'éducation sociale. Toute visée politique doit par suite leur demeurer étrangère, leur but n'étant pas de faire triompher un parti ou un homme, mais seulement de façonner de meilleurs citoyens, vivant intégralement leur foi catholique. Or ce serait un écueil certain pour nos organisations que de les laisser se mêler aux luttes de parti qui divisent au lieu d'unir.

Quelques précisions :

Politique d'idées.

Il s'agit bien entendu de bien préciser le sens et la portée de cette interdiction. — Si par *faire de la politique* on entend travailler au mieux-être général, s'employer à répandre les idées que l'on croit les plus propres à assurer le bon ordre et la stabilité des affaires publiques, il est bien entendu que de cette politique là tout le monde doit se mêler.

Politique de personnes.

Ce qu'il faut proscrire au contraire, c'est de tout subordonner au succès d'un homme ou d'un parti ; c'est agir, travailler exclusivement en vue de ce triomphe; c'est participer à la vie publique uniquement en vue d'une candidature ou pour prendre part à une réunion électorale.

Que nous n'ayons pas le droit de nous désintéresser de cette politique, c'est incontestable. L'élection étant chez nous le mode normal pour faire prévaloir les idées et triompher les principes, nous serions inexcusables de ne pas recourir à cette arme, en temps opportun. Ce sera faire œuvre de bon citoyen que de prêter *individuellement* notre concours pour assurer le succès des idées qui nous sont chères.

Mais il ne faut pas oublier que cette action électorale n'est pas tout : que la chose essentielle c'est la formation des citoyens. Le problème ne consiste pas à accumuler des bulletins de vote sur un nom, mais bien plutôt à former des gens en mesure de connaître clairement leur devoir et de le suivre, sans se laisser détourner par quiconque.

Qu'agir ainsi, soit encore faire de la politique, — de la politique à longue échéance, — admettons-le ; mais c'est surtout agir pour le triomphe des idées et la pénétration des principes. C'est vouloir plus que la victoire d'un homme ou le succès d'un parti, c'est vouloir la transformation de la nation elle-même, c'est vouloir une démocratie mieux en état de remplir sa mission parce que plus pénétrée de ses devoirs.

Mais de la politique politicienne, nos organisations doivent soigneusement se garer. Leurs adhérents peuvent certes faire partie des comités de propagande, et prendre part aux campagnes électorales ; mais en agissant ainsi, ils doivent agir à titre individuel.

Le groupe doit demeurer étranger à l'action électorale.

A aucun prix, au contraire, comme groupe, une œuvre de jeunesse ne doit s'occuper d'action électorale, s'affilier à des comités ou partis politiques, signer ou écrire un appel quelconque pour recommander un candidat....

Sans doute, pour agir ainsi, il faut du dévouement et de l'abnégation ; sans doute cet humble travail de formation sociale n'est pas bien éclatant. Il importe peu : que le résultat soit bon, c'est le point essentiel. Il faut bien se persuader que nous ferons une besogne d'autant plus utile, que nous nous préoccuperons moins du bénéfice personnel que nous pourrons en retirer. La conscience du devoir utilement accompli vaut bien quelques petites satisfactions d'amour-propre !.... (1)

Objections : Une semblable orientation ne va-t-elle pas devenir dangereuse ?

Mais allez-vous me répondre ne sera-ce pas faire œuvre dangereuse, que de répandre ainsi dans des milieux peu préparés, des idées nouvelles susceptibles de troubler leur quiétude et leur routine. Osons tout de suite répondre négativement, si nous prenons l'engagement de placer à la base de toutes nos organisations ce qui doit en être l'âme : la formation religieuse — les fortes convictions chrétiennes, — la pratique de notre religion.

Et sur ce fondement ne craignons plus de bâtir d'une main sûre, en sachant nous inspirer des besoins de chaque milieu. Ne nous faisons pas d'illusions. Nul homme de bon sens ne saurait méconnaître la révolution profonde qui s'est accomplie, et s'accomplit tous les jours dans les idées et les mœurs de notre société, au point de vue de l'existence, de l'éducation, du groupement et du travail. Comment nier dès lors que cet état de choses n'a pas fatalement créé des aspirations et des exigences nouvelles.

C'est précisément parce que nous sommes restés trop longtemps étrangers à ce travail intérieur de la Société, que nos adversaires ont su conquérir les sympathies des masses, en se posant comme les directeurs de ce mouvement.

Pouvons-nous nous refuser à faire comme eux, mais avec d'autres outils ?

(1) Nous avons résumé dans les lignes qui précèdent une magistrale étude de Louis Rolland publiée dans *Le Sillon* du 25 novembre 1903. Et bien que ces idées paraissent banales, nous avons cru devoir les préciser et y insister, puisque le succès de nos œuvres en dépend....

Pourquoi n'endiguerions-nous pas à notre tour les sympathies populaires au profit du vrai et du juste. Si de prétendre guérir les plaies sociales en flattant les passions, a si bien réussi aux socialistes, nous qui sommes les disciples de celui qui le premier a prêché au monde la charité, la fraternité vraie, ne réussirions-nous pas, en appliquant à ces besoins nouveaux, les préceptes immortels de l'Evangile.

Après avoir fourbi nos armes dans nos Cercles d'Etudes, après nous être fait une conviction sage, raisonnable, raisonnée et raisonnante, il ne nous restera plus qu'à dispenser autour de nous le fruit de nos travaux, à nous faire apôtres pour faire partager à nos voisins, à nos frères, la part de vérité et de lumière vers laquelle ils aspirent, et qu'ils ont le droit de connaître. Nous nous répèterons bien fort et bien haut, « qu'à aucun prix il ne nous convient d'être ni des ignorants, ni des paresseux ni des inutiles ! (1) » Il faut donc se grouper ! Et pour cela tous les moyens sont bons, pourvu qu'ils aient pour résultat d'amener les jeunes gens à se connaître, à s'aimer, à s'encourager mutuellement au bien.

C'est à rechercher le fonctionnement et les avantages particuliers de chacune de ces différentes formes de groupements, que nous allons nous employer, en ne perdant pas de vue que le but final, la raison d'être de ces organisations doit être plus qu'une œuvre de défense, mais bien une œuvre d'apostolat, une œuvre d'*Education populaire*, *d'Education démocratique*.

(1) Abbé de Scorbiac.

IV. La fondation d'une œuvre de jeunesse.

De l'organisation paroissiale.

On a répété bien souvent que la famille était au regard de la société, ce qu'est la cellule dans l'organisme. On peut faire le même rapprochement au regard de la paroisse dans la hiérarchie catholique.

Toutes les œuvres et tous les groupements doivent donc, pour être viables, se développer autour de ce foyer de rayonnement, et s'inspirer dans tous leurs actes du plus pur esprit paroissial.

C'est donc au clergé des paroisses qu'il appartient de prendre l'initiative de toutes les œuvres d'hommes ou de jeunes gens. C'est a eux surtout qu'incombe le devoir de parfaire, à tout prix et par tous les moyens, la formation et l'éducation des jeunes générations dont ils ont plus spécialement charge d'âme.

Or les moyens d'action sont multiples : il ne peut y avoir que l'embarras du choix.

Ce qu'on peut faire partout.

Le groupement le plus ordinaire, le plus facile à organiser c'est le Patronage. Réunir quelques enfants ou quelques jeunes gens, les faire jouer, causer avec eux, les amener à remplir leurs devoirs religieux sans respect humain, cela est possible partout.

1° Le Patronage.

Comment fonder un Patronage ?

Il n'est pas possible de donner à ce sujet une règle fixe.

La plupart du temps, le fondateur du patronage réunira les jeunes gens de la paroisse une ou deux fois par semaine, dans l'après-midi du dimanche et du jeudi par exemple, et organisera des *jeux* pour les distraire. Les jeux de grand air, en commun, qui fusionnent et intéressent les jeunes gens, sont surtout à conseiller ; il est facile d'organiser une partie de barres, un jeu de ballon, une partie de quilles ou de boules. La gymnastique, et surtout les jeux de tir, doivent être employés avec prudence et si on peut les surveiller d'assez près. Parmi les jeux tranquilles, nous signalerons les jeux de cartes, dames, lotos, dominos, jeu de l'oie, trictrac, etc.... Jouer de l'argent devra bien entendu être interdit ; il suffira, pour intéresser de permettre comme enjeux les jetons de présence donnés à l'entrée de la réunion ; une ou deux fois par an, une vente aux enchères sera organisée, plus ou moins importante suivant les ressources dont on dispose, et où les jetons serviront d'argent pour l'acquisition des lots.

Dans d'autres circonstances, on réunira les jeunes gens pour faire du plain-chant, ou bien on formera parmi eux une société de tir ou de gymnastique etc... L'essentiel est de les *grouper* : pour y arriver tous les moyens seront bons. (1)

Utilité d'une Bibliothèque.

En même temps que des jeux, les jeunes gens, en âge de s'y intéresser trouveront au patronage des *journaux*, *revues*, *livres et publications diverses*. Il est nécessaire de mettre à la disposition des jeunes gens un fond de bibliothèque suffisamment varié, pour répondre à tous leurs goûts. Les jeunes apprentis surtout doivent y trouver des éléments pour leurs études professionnelles. A cette occasion nous appelerons l'attention des directeurs de patronages sur la collection des *Manuels Roret* que nous signalons dans la Bibliographie.

Les recueils de contes, d'anecdotes, les romans honnêtes ne doivent pas être bann's car il faut savoir respecter le rire du jeune âge. Les livres d'histoire, les mémoires, les ouvrages d'histoire locale, doivent également y occuper une large place. (2)

Attractions diverses.

Une *séance récréative* de temps à autre intéressera les jeunes gens ; il faut toutefois éviter de trop les multiplier.

Des *projections avec conférences* pour les soirées d'hiver obtiennent toujours un grand succès.

(1) Il n'est, nullement nécessaire d'organiser dès le début des réunions régulières, de créer officiellement et de toutes pièces un patronage. Mieux vaut souvent commencer sans bruit, grouper d'abord les enfants à l'église, à l'entrée et au sortir de l'école, pour la prière du matin et du soir, réunir les meilleurs, les enfants de chœur, pour quelques promenades, inviter comme récompense à un goûter au presbytère, etc...

(2) A cet effet il s'organise dans un grand nombre de diocèses, des *bibliothèques roulantes* ou *circulantes* pour venir en aide aux œuvres de jeunesse, et renouveler le plus souvent possible l'objet de leurs lectures.

Mais ce n'est pas seulement pour les *littéraire* qu'on groupe les jeunes gens et qu'on les met en rapport avec le prêtre.

Formation morale. Il faut le plus tôt possible causer avec eux de questions pratiques, parler, suivant les milieux, aux uns de leur apprentissage qui va commencer, aux autres des travaux des champs, à tous de leurs devoirs sociaux, les tenir au courant du mouvement de la jeunesse catholique, en un mot *orienter leur esprit et leur cœur vers les choses sérieuses.*

Son recrutement. Un mode de recrutement tout indiqué c'est, lorsqu'il existe dans la paroisse un catéchisme de persévérance, d'enrôler les enfants au Patronage dès qu'ils ont atteint l'âge de 12 à 13 ans.

De trop petits enfants pourraient embarrasser les jeux et compliquer la surveillance. Des jeunes gens plus âgés, n'ayant pas subi les premières influences de l'œuvre, ne devront être mêlés aux premiers que si l'on est assez sûr qu'ils n'apporteront pas le mauvais esprit.

Qui dirigera le patronage ? Presque toujours le curé ou l'un des vicaires de la paroisse. Mais à lui seul le directeur du patronage aura peine à tout faire. Il est, sinon essentiel, du moins très utile, qu'il puisse trouver un ou deux hommes dévoués, jeunes si possible, pour l'aider dans la surveillance et l'organisation et le remplacer au besoin.

S'il ne peut les trouver, il se fera seconder le plus tôt possible par les meilleurs des jeunes gens les plus âgés du patronage.

Règlement. Mieux vaut, au début tout au moins, n'en pas avoir. Lorsque la première période de tâtonnements sera passée, on pourra établir un petit règlement intérieur, contenant les quelques mesures générales dont l'expérience aura signalé l'utilité.

Le règlement à établir, comme le local à chercher, ne sont d'ailleurs que des points secondaires ; l'essentiel, est de commencer par agir sans se préoccuper des difficultés de détail que l'on arrivera toujours à résoudre.

Patronages ruraux. Ces quelques données s'appliquent aussi bien aux Patronages ruraux, qu'aux Patronages urbains. Et il ne faut pas dire que la chose est impossible à la campagne. M. l'abbé Le Conte, l'auteur de l'excellent *Manuel des Patronages ruraux* (1), a depuis longtemps résolu cette objection, en montrant que ces œuvres fonctionnent à merveille,

(1) Edité par la Société de St.-Vincent de Paul, rue Furstemberg, Paris.

même dans les paroisses les plus reculées, chaque fois qu'un homme actif a bien voulu y prêter son concours.

Ce qui arrête c'est que le plus souvent les hommes d'œuvre se laissent effrayer par le mot. Pour eux, qui dit Patronage représente aussitôt des dépenses considérables à prévoir, — des constructions à édifier, des aménagements dispendieux à créer. Ils se figurent qu'il faut faire grand, au lieu de se souvenir que l'œuvre consiste seule dans l'action exercée sur les enfants quels que soient les moyens.

Le *moindre local* peut suffire : une chambre, une buanderie, un hangar. A défaut, la grand-route n'est-elle pas à tout le monde. Et le patronage commencé en plein air, se terminera avec fruit à l'Eglise, par quelques cantiques et la prière du soir.

Orientation nécessaire.

Le petit noyau ainsi formé, deviendra facilement une pépinière pour le recrutement des enfants de chœur et de la maîtrise.

Lorsque les enfants auront atteint 15 ou 16 ans, et qu'ils demanderont quelque chose de plus substantiel que des jeux et des distractions, rien ne sera plus facile que de les orienter vers le cercle où se parachèvera leur éducation religieuse et sociale.

Conseils pratiques.

Pour ouvrir et tenir un patronage il n'est besoin de faire aucune déclaration quelconque.

L'enseignement seul des matières comprises dans le programme scolaire ne peut être fait au patronage qu'en conformité de la loi de 1886.

On échappe à la réglementation sur l'exploitation des théâtres (1) en conservant aux représentations, un caractère parfaitement privé, c'est-à-dire en les organisant dans un local clos, en n'y admettant que des personnes munies d'invitations nominatives, et en controlant les entrées.

La taxe dite *droit des pauvres* n'est due qu'autant que les représentations sont à la fois publiques et payantes.

Au contraire, les *droits d'auteurs* sont toujours dus pour les ouvrages qui ne sont pas encore tombés dans le domaine public.

(1) Décret du 6 janvier 1886.

2° Œuvres d'éducation.

A côté du Patronage, la formation « la seconde éducation de l'adolescence ouvrière ou rurale », pour employer une expression de M. Petit, peut trouver de précieux concours dans tous les groupements de jeunesse quels qu'ils soient.

Cours d'adultes.

Ce sont les **cours d'adultes** dans lesquels les maîtres de l'enseignement libre continuent à leurs anciens élèves les cours pédagogiques que leur entrée dans la vie industrielle ou agricole leur a fait négliger.

Cours du soir.

Ce sont les **cours du soir**, où en dehors de tout enseignement scolaire, on réunit les jeunes gens pour les initier ou compléter leur instruction au point de vue professionnel, artistique, agricole etc....

Les lectures à haute voix, les conférences avec ou sans projections y obtiennent toujours un vif succès et permettent de rompre au profit de l'éducation religieuse et sociale des jeunes gens, la monotonie du cours *de comptabilité*, *de musique* ou *de dessin*, objet de la réunion.

Un quart d'heure ou vingt minutes doivent toujours être consacrés à une causerie sur un fait d'actualité, sur les relations du groupe avec les camarades du dehors, sur le mouvement des œuvres de jeunesse en général. On est toujours sûr d'être écouté lorsqu'on parle d'idées nobles, d'idées généreuses devant des cœurs pleins de franchise et de bonne volonté.

Cours professionnels.

Les **cours professionnels** proprement dits nécessitent une organisation plus compliquée, et sont par suite moins à la portée de tout le monde. Ils méritent néanmoins d'attirer et de retenir l'attention des catholiques.

C'est d'ordinaire en organisant une *Bourse du Travail* (1) formée par trois syndicats au moins, que l'on arrive à ouvrir des cours d'apprentissage pour les différents corps de métiers et des cours d'instruction professionnelle.

(1) Consulter à ce point de vue l'ouvrage du chanoine Combes de Carcassonne « *Les œuvres sociales.* » Une communication faite par lui au dernier Conseil général de l'Union Régionale du Sud Ouest et rapportée dans l'Echo des œuvres sociales du Sud-Ouest, a montré les résultats inespérés obtenus dans la ville de Carcassonne grâce à une semblable organisation.

Association d'anciens élèves.

Les **associations d'anciens élèves** sont encore des milieux tout spécialement préparés pour donner naissance à des œuvres de formation et d'éducation. C'est pour elles le meilleur moyen d'alimenter et de donner la vie à l'esprit de solidarité et d'aide mutuelle qui sont leur but final et leur raison d'être.

3° Sociétés sportives.

Il n'est pas jusqu'aux sociétés, en apparence neutres, qui ne puissent apporter leur appoint fort appréciable à l'œuvre commune. Depuis plusieurs années le sympathique Dr Michaux le vaillant Président de la *Commission des Patronages* travaille à introduire le sport dans les œuvres catholiques.

Sociétés de gymnastique.

Des **sociétés de gymnastique**, des **équipes de foot-ball** se sont grâce à lui constituées de tous côtés. Les directeurs d'œuvres ont été heureux de trouver dans les exercices corporels une garantie de santé morale aussi bien que physique. Ils ont vu que ces luttes courtoises développaient avec le courage, la loyauté, le désintéressement, l'esprit de discipline.

Puis les *matches*, les concours de gymnastique, les championnats ont fourni l'occasion de rapprocher et de faciliter la fusion, et l'union des œuvres de jeunesse catholiques.

En résumé puisque le jeu possède par lui-même une vertu éducatrice, eh! bien! n'hésitons pas à recourir au jeu sous ses diverses formes en vue de faciliter et de développer l'éducation des jeunes gens.

4° Œuvres d'Epargne et de Prévoyance.

Caisses d'épargne.

Mais quelle que soit la forme de groupement que l'on adopte, il est éminemment utile de greffer sur l'organisme constitué une **caisse d'épargne** ou **de secours.** Rien n'est plus utile d'abord que d'encourager l'homme à l'épargne dès son jeune âge. On ne saurait donner d'attrait plus puissant et plus durable à l'œuvre que celui qui résulte des avantages matériels immédiats qu'ils sont mis par elle en mesure de profiter.

Mutualités scolaires et d'adultes.

On ne saurait trop recommander à cet égard les **mutualités de patronages** qui continuent l'œuvre des **mutualités scolaires** réservées aux enfants fréquentant encore l'école. Il est essentiel en effet que l'enfant retrouve adolescent, dans les groupes de jeunesse qu'il fréquente, l'œuvre mutualiste ébauchée, et la continuation des avantages qui en sont la conséquence.

Tout comme à l'Ecole, il doit pouvoir continuer à verser sa modique cotisation de 0 fr. 10 par semaine, qui lui assurera les secours et les remèdes pendant la maladie, et qui aussi et surtout — viendra grossir le petit capital qu'il touchera au moment de son apprentissage, de son départ au régiment, ou de son établissement ; — ou ira augmenter les arrérages de la rente qu'il se réserve pour ses vieux jours, si dans sa prévoyance il a adopté un livret de Retraite pour la vieillesse.

On trouvera à la partie bibliographique l'indication de tous les ouvrages, brochures, tracts à consulter sur le fonctionnement de ces mutualités.

Nous avons voulu seulement appeler l'attention des œuvres de jeunesse sur les avantages considérables qu'elles présentent pour l'avenir de leurs groupes.

5° Cercles d'Etudes.

Nous abordons enfin la forme la plus parfaite des groupes de jeunesse, celle qui doit être le couronnement de l'édifice, celle vers qui doivent tendre tous les rêves et toutes les ambitions : **Le Cercle d'Etude.**

But.

Les membres d'un cercle d'études doivent :

D'une part chercher à se faire sur les questions religieuses, professionnelles et sociales qu'ils entendent discuter autour d'eux des opinions raisonnées, et acquérir ainsi le complément d'éducation et d'instruction dont ils ont besoin pour être des hommes honnêtes, des citoyens conscients, et des chrétiens solides ;

D'autre part s'exercer à rendre clairement leur pensée, et devenir capables de faire partager leurs convictions à des camarades séparés d'eux par l'erreur et les préjugés.

Connaître la vérité, en propager le culte et l'amour, telle doit être leur ambition.

Nécessité.

Cette formation est de plus en plus nécessaire, parce que nous constatons :

1° Au point de vue *religieux* : une ignorance parfois navrante du dogme et de la morale catholique. La jeunesse a donc besoin de *savoir* sa religion, afin de pouvoir la pratiquer.

2° Au point de vue *social* : l'envahissement toujours croissant du socialisme et des doctrines collectivistes. La jeunesse a donc besoin d'avoir sur les questions économiques et sociales, qui occupent une si grande place dans le monde à l'heure actuelle, des idées précises et nettes.

Création du Cercle d'Etudes.

Pour arriver à créer un cercle d'études, il faut le plus tôt possible attirer l'attention des enfants sur la nécessité où ils sont de s'instruire de leurs devoirs sociaux, répandre cette idée dans les patronages par des *lectures* bien choisies, des *promenades* utiles, surtout par des *conversations* particulières orientant l'esprit des enfants vers les choses sérieuses ; enfin, dès qu'on peut le faire, réunir les enfants qui en manifestent l'aptitude ou le désir pour les faire lire et étudier.

Celui qui fonde un cercle d'études, prêtre ou laïque, et qui en devient le *conseiller*, doit s'efforcer de laisser aux jeunes gens l'initiative la plus large. *On ne sait bien que ce que l'on a enseigné ;* c'est en partant de ce principe qu'il faut viser *avant tout* à ce que les jeunes gens s'enseignent eux-mêmes et s'instruisent mutuellement.

Organisation.

1° Le Cercle d'études doit être la *chose* des jeunes gens, leur œuvre ; ils ne s'y intéresseront qu'autant qu'ils prendront à sa direction une part réelle et effective.

2. Le conseiller devra donc plutôt les *orienter* que les *commander* ; il devra les *guider*, les *conduire*, ne faisant pas lui-même le travail, mais arrêtant avec eux le programme des études, leur apprenant à préparer des conférences sans en faire lui-même, laissant la discussion aller son train, et n'intervenant que lorsque cela est nécessaire, c'est-à-dire pour rectifier une erreur inaperçue, donner un conseil, activer ou résumer les débats, etc...

3. Les membres du Cercle doivent s'habituer à présider à tour de rôle ; c'est un excellent système d'élire au scrutin, à chaque séance, le

président de la réunion. Cela n'empêche pas le Cercle d'étude d'avoir son bureau avec président et secrétaire constitué pour l'année.

Pour hâter la création d'un Cercle d'études, dans un patronage par exemple, où le terrain aura été suffisamment préparé, il est bon de faire venir un conférencier qui expliquera aux jeunes gens ce qu'est le Cercle d'études, et surtout s'efforcera d'éveiller en eux le goût et le désir du travail et de l'apostolat.

Il est meilleur encore de conduire les jeunes gens aux Congrès des Œuvres de Jeunesse qui se tiendront dans la région.

Nombre de membres.

Tout dépendra évidemment des ressources de la paroisse ou de l'œuvre. Le mieux est d'être 15 à 20. A cinq ou six, les réunions manquent de vie ; à trente ou quarante, on court risque de ne plus s'entendre si chacun veut, prendre part à la discussion.

Fréquence des réunions.

Pour un cercle de ville, le mieux est de se réunir une fois par semaine. Deux réunions seraient un grand assujettissement ; une tous les quinze jours serait bien peu, on perdrait de vue, d'une conférence à l'autre les idées discutées.

A la campagne, il sera le plus souvent difficile d'avoir des réunions aussi fréquentes. On devra alors se contenter d'une réunion tous les quinze jours ou tous les mois.

Principes à suivre.

1. Eviter les grands discours, les longs exposés de principes, les phrases à effet. Les rapports doivent être avant tout *simples, clairs, pratiques;* la discussion qui les suit doit être une simple *conversation* amicale. Aussitôt qu'on fait des discours et des conférences solennelles dans un cercle d'études, on cesse du même coup, d'y faire un travail utile et fructueux.

2. Etre d'une *sincérité* absolue dans la discussion. L'homme sincère ne feint pas de savoir ce qu'il ne sait pas ; mais il ne se déclare pas convaincu par son adversaire tant qu'il ne l'est pas.

Programme.

Le programme d'études d'un petit cercle doit être très modeste. Pour débuter surtout, il faudra choisir de préférence des sujets très simples, élémentaires, à la portée de tous. Quelques études d'*histoire locale*, des *sujets professionnels*, seront très utiles pour faire prendre goût aux réunions et bien orienter les discussions ; on cause d'autant mieux d'une chose qu'on la connaît mieux et qu'on la voit de plus près.

Au fur et à mesure que l'on avancera, on développera plus souvent *des questions économiques et sociales.* Là encore, il faut aller prudemment, éviter les grandes questions à effet, que les jeunes gens ne comprendraient pas ou sur lesquelles ils s'imagineraient tout savoir alors qu'ils n'auraient fait que les effleurer. L'économie sociale est une science vaste et compliquée, les applications en sont toujours délicates ; avec les meilleures intentions du monde, on peut se tromper, prendre des utopies pour la réalité, et faire en les propageant plus de mal que de bien. Les jeunes gens des petits cercles devront donc borner leurs prétentions, chercher simplement à bien posséder les *éléments des questions fondamentales*, et, quand ils étudieront plus spécialement quelque question, *se méfier des idées abstraites* et de tout ce qui n'est pas rigoureusement contrôlé par les *faits* et reconnu bon par l'*expérience.* Suivre l'ordre des chapitres d'un bon traité élémentaire d'économie sociale, comme le Catéchisme d'économie sociale du *Sillon*, par exemple, sera excellent au moins au début.

Enfin un Cercle d'études catholique devra évidemment étudier les *questions religieuses.* Mais les réserves que nous avons faites sur la prudence avec laquelle il faut étudier les questions économiques s'appliquent également aux questions religieuses ; c'est au prêtre seul, conseiller du cercle ou aumônier de l'œuvre, qu'il appartiendra de juger dans quelle mesure et de quelle manière ces questions devront être étudiées. Nous croyons toutefois qu'il vaut mieux ne pas faire porter les conférences d'un cercle d'études uniquement sur la réfutation des objections courantes contre la religion. C'est là une étude toute négative, dont les résultats ne valent jamais le labeur positif d'un travail qui porte sur un enseignement, religieux ou social, suivi et rationnel,

Autant que possible, on fera à l'avance le plan de travail de l'année et on distribuera en même temps les sujets à traiter afin d'éviter l'inconvénient qui naît souvent du peu d'enthousiasme des jeunes gens à accepter de faire une conférence.

Physionomie d'une séance.

Après la récitation d'une courte prière, le secrétaire lit le résumé de la séance précédente ; il est bon de le consigner sur un registre qui sert d'archives au Cercle d'études. Puis le rapporteur, toujours désigné d'avance, a la parole ; nous engageons fortement les rapporteurs, lorsqu'ils sont un peu habitués, à ne pas rédiger entièrement leur conférence, mais à préciser seulement leurs idées dans un canevas très clair et à les exposer de vive voix ; ce système a l'avantage d'éviter la monotonie d'une lecture et d'accoutumer les jeunes gens à la parole. On discute ensuite le sujet qui vient d'être traité, et que tous les jeunes gens ont dû préparer à l'avance.

Mieux vaut cependant, en règle générale, reporter la discussion à la séance suivante. On peut par exemple, procéder comme suit : au commencement de la réunion, un membre du groupe, désigné depuis la conférence précédente, fait un exposé rapide, pendant dix à quinze minutes tout au plus, du sujet qui y a été traité (l'exposé du sujet, à la 1re conférence, a pu être fait par le conseiller du cercle). Les camarades poseront alors des questions ou des objections auxquelles celui qui, a fait le résumé, ou à son défaut tout autre membre du cercle, répondra, le conseiller n'intervenant qu'en dernier lieu pour donner la solution précise. Après une demi-heure par exemple de discussion, un autre sujet sera traité, pendant vingt-cinq minutes, soit par le conseiller lui-même, soit par un membre du cercle, et fournira matière à l'exposé et à la discussion de la séance suivante. La séance aura duré en tout une heure et quart à une heure et demie ; il convient de considérer une heure et demie comme une limite à ne jamais dépasser et à ne pas atteindre souvent.

On peut encore, par exemple, pour discuter les questions proposées opérer de la façon suivante. Le conseiller a au préalable cherché les matériaux et les a passés aux jeunes gens, qui les ont étudiés à l'avance ; l'un d'eux rédige un canevas, qui sert de base à la conversation et à la discussion en séance ; pendant la discussion le membre du cercle chargé du travail, ou un autre désigné à l'avance, prend des notes, puis finit son travail qui constitue ainsi un document précieux pour les archives du Cercle.

Orientation vers les Conférences populaires.

S'il existe un groupe de jeunes gens ou d'hommes plus nombreux qui sans prendre une part directe au cercle d'Études, s'intéresse cependant à ses travaux, on peut lire le travail fait dans une réunion mensuelle ou extraordinaire.

L'organisation entreprise atteint ainsi son complet développement, en cherchant à rayonner et à faire profiter les amis et camarades moins favorisés, des bienfaits de leurs études.

L'œuvre des **Conférences populaires** devient par suite un complément du Cercle et permet à ses membres de remplir l'intégralité de leur mission qui est de propager autour d'eux le culte et l'amour de la vérité et de la justice.

Groupes ruraux.

Longtemps on a considéré comme irréalisable la création de Cercles d'Etudes dans nos campagnes. Et cela uniquement parce que l'on se faisait une idée fausse de ce que peut être le Cercle d'Etudes. L'expérience est heureusement venue donner un formel démenti à ces timides. Dans toutes les régions de la France, les cercles ruraux vont chaque jour se multipliant et se développant. Dans notre Aveyron les premiers cercles constitués l'ont été presque exclusivement dans des milieux agricoles. Et cependant, Luc, Rignac et tant d'autres, se sont imposés dès leurs premières réunions, et voient leur vitalité intérieure croître chaque jour.

Comment les fonder.

Est-il en effet si impossible de réunir une fois par mois les jeunes gens de la paroisse, au sortir des offices pour passer une heure, autour d'un bon feu l'hiver, sous la tonnelle du presbytère l'été. Le prétexte de la réunion c'est de se communiquer des nouvelles des camarades de la ville voisine, de prendre communication de la dernière circulaire du comité régional, ou départemental, de feuilleter les numéros des Revues de Jeunesse parus dans le mois. Lorsqu'un article, ou un compte-rendu de Congrès est de nature à intéresser la réunion, le meilleur lecteur de la compagnie en fait part à ses amis. Si la lecture risquait d'être trop longue l'un des jeunes gens se charge d'en faire une lecture attentive à ses moments perdus, et d'en faire un résumé succinct le mois suivant.

Ces simples occupations, à la portée semble-t-il de tout le monde, même des petits enfants, peuvent à elles seules, alimenter un groupe. Même à 3 ou 4, par le seul contact, grâce aux relations avec les organisations extérieures, par des échanges de visites de bon voisinage, en prenant part aux congrès et aux pèlerinages de la région, on n'est plus isolé, on vibre à l'unisson de milliers de camarades inconnus.

Questions à traiter.

Mais soyons-en convaincus, peu à peu les idées s'orienteront d'elles-mêmes vers des études plus étendues. On en viendra à parler du pays, de son histoire locale, à raconter des faits que la tradition orale a conservé dans les familles. On abordera facilement l'histoire de la commune, de l'Eglise, des patrons de la paroisse. On causera du cours des céréales ou de la mévente des bestiaux. De là, à aborder les études de culture agricole il n'y a qu'un pas.

Etudes agricoles.

On reconnaitra vite que l'agriculture est une science des plus complexes ; que la profession d'agriculteur ne devient rénumératrice qu'à la condition d'être intelligemment comprise. Les jeunes gens seront amenés à procéder par voie de comparaison. Chacun fera ses réflexions sur les résultats qu'il connait, et cherchera à les expliquer rationnellement. Chacun aura à cœur, de faire sa petite enquête pour justifier ses dires. Et l'on verra comme à Rignac, les divers membres du groupe dresser la statistique des gerbes récoltées dans leur village pour établir quel était le procédé de culture, ou la nature d'engrais qui avait donné le meilleur rendement. Dans les régions viticoles, les jeunes gens s'adonneront à l'étude de la vinification aujourd'hui si importante, se livreront à des enquêtes sur les différents cépages, leur adaptation et leur rendement en quantités et qualités, etc... etc...

A l'occasion d'un moment de baisse sur la vente des denrées, un organe quelconque signalera les avantages très rénumérateurs que l'agriculteur peut retirer de la Loi sur les Warrants agricoles, et aussitôt le groupe se mettra en mesure d'approfondir le fonctionnement de cette disposition bienfaisante. L'on s'apercevra que le mécanisme en est fort simple, et que rien n'est plus plus facile que de profiter d'un instrument de crédit que chacun a sous la main et qui n'a été délaissé jusqu'ici que parce qu'il était méconnu.

Orientation vers les institutions agricoles.

Ainsi mis en éveil, les plus entreprenants se feront déléguer par leurs camarades pour aller visiter dans la région quelque institution d'assistance ou de prévoyance, caisse de crédit, assurances, mutualités, syndicats, et à la prochaine réunion cantonale ou d'arrondissement, ils s'empresseront de demander qu'on leur vienne en aide pour essayer d'en faire autant. Ce sera le rôle des délégués des Unions régionales ou départementales, de leur prêter le concours de leurs connaissances, pour les guider dans la nouvelle voie ou d'eux-mêmes ils sont entrés.

Les œuvres déjà existantes, trouveront en eux, des correspondants tout préparés, et des secrétaires intelligemment dévoués.

Ainsi intéressés les jeunes gens ne pourront que s'attacher à leur groupe, et ne tarderont pas à y amener des recrues.

Vues d'avenir.

Lorsque les jeunes gens sont devenus capables d'aborder les questions sérieuses, il faut orienter peu à peu leurs études vers un but *pratique*, leur faire examiner les besoins sociaux du pays où ils vivent ; leur suggérer l'idée de ce qui pourrait améliorer leur situation ; et, dès que la chose est possible, greffer sur le Cercle d'études une *œuvre sociale*, mutualité, coopérative, syndicat, société d'habitations ouvrières, etc...

Le Cercle d'études doit devenir un centre de vie et d'activité sociale.

Œuvres sociales. Parmi les œuvres à établir, quelques-unes sont relativement faciles à organiser, et on peut s'appuyer pour les créer sur une expérience déjà longue. C'est le cas, en particulier, des *syndicats agricoles*, des *caisses rurales*, des *assurances contre la mortalité du bétail*, qu'il faudrait multiplier dans nos campagnes, et dont les Cercles d'études ruraux devront aussitôt que possible étudier l'organisation et le fonctionnement, avec le plus grand soin, pour pouvoir ensuite prendre l'initiative de les créer et les faire vivre.

6° Cercles d'Études de Collèges.

Si le Cercle d'Études est apparu, à l'expérience comme un instrument efficace de formation intellectuelle et morale pour la jeunesse de nos patronages et de nos œuvres, et en général pour la jeunesse ouvrière, il apparaît qu'il doit présenter la même vertu éducatrice pour la jeunesse des Écoles qui n'a pas moins besoin d'être formée à la vie et aux vertus sociales. Beaucoup l'ont déjà tenté, et n'ont eu qu'à se féliciter des résultats obtenus.

Récent essor. Le Congrès de l'*Alliance des maisons d'éducation chrétienne* tenu à Angers en 1897 avait déjà émis à l'unanimité le vœu que les conférences d'études se répandent dans les collèges et petits séminaires alliés. Ce vœu repris depuis par plusieurs Congrès a reçu une nouvelle consécration lors de la dernière réunion de Toulouse, en septembre 1903, dans les applaudissements qui saluèrent le discours de Marc Sangnier, et les brèves et fortes paroles de Mgr Battifol en faveur des Cercles d'études de Collège.

Semblable approbation ne pouvait que faciliter l'essor de ces œuvres et hâter leur floraison dans l'immense majorité des collèges catholiques (1). Désormais dans beaucoup de maisons d'éducation les « grands » n'ont plus uniquement en vue le diplôme ou le parchemin à conquérir, ils songent parfois qu'en leur qualité de chrétiens et de futurs « citoyens » ils auront des obligations sociales à remplir autour d'eux, qu'ils auront le devoir de faire connaître et aimer autour d'eux la doctrine du Christ.

Complément de l'éducation.

Ainsi se complètera merveilleusement l'éducation chrétienne des élèves en leur faisant entrevoir les réalités de la vie. On les prémunit contre les dangers d'après l'école, en donnant un aliment à leurs généreuses aspirations. En leur faisant connaître le fonctionnement et l'organisation des œuvres, on constitue une pépinière toute naturelle destinée à en préparer le recrutement.

Loin de nuire aux études scolaires, de nombreux professeurs en ont depuis longtemps témoigné, ces études créent une heureuse diversion aux préoccupations classiques, et sont un contrepoids efficace contre les entraînements du dehors.

Il n'est pas d'institution libre qui ne puisse constituer dans son sein une organisation semblable. Il est toujours facile de prélever quelques minutes sur les moments perdus pour placer la réunion. Facilement les élèves accepteront de faire le sacrifice de quelques minutes de récréation. Il n'est pas de collège du reste où n'existe déjà quelque cercle littéraire, académie ou Congrégation, qui ne puisse avantageusement et pour le plus grand profit de tous élargir ses cadres et s'orienter en vue de cette éducation nouvelle.

Leur fonctionnement.

La conférence doit consister en un entretien familier, en une causerie amicale, où l'on complète par les réponses aux objections que tous ont le droit de poser, l'éclaircissement du sujet. Les jeunes gens sont tenus au courant du mouvement de leurs grands frères du dehors ; ils sont mis quelquefois en contact avec eux ; ils apprennent à les connaître et à les apprécier. C'est ensuite pour eux un besoin dès leur

(1) D'une enquête publiée par le *Sillon* du 25 janvier 1901, à laquelle nous faisons de larges emprunts, il résulte que nombreux sont les collèges qui déjà depuis longtemps sont entrés dans cette voix. Il signale entr'autres ceux du Mans, Nantes, Saint-Laurent-sur Sèvres, Limoges, Poitiers, La Rochelle, Dunkerque, Cambrai, Douai, Roubaix etc....

sortie de l'Ecole, d'aller en hâte renouer les liens déjà créés et renforcer les rangs des Œuvres de Jeunesse existant au lieu de leur résidence.

Leurs avantages. Il ne faut pas perdre de vue que l'institution aura une vertu éducatrice d'autant plus profonde et efficace, qu'elle demandera moins à l'enseignement du maître. Au lieu et place de la discipline austère, et du règlement uniforme qui l'enserre dans un cadre rigide et nécessaire, l'élève trouvera au Cercle d'Etudes une autonomie et une responsabilité personnelle. Il y fera un peu l'apprentissage de ces libertés dont il est à la veille de prendre possession.

Il y apprendra d'autre part à manier l'arme de la parole qui est devenue une des nécessités des temps présents. N'est-ce pas un excellent exercice que celui qui l'habitue a triompher de lui-même et de sa timidité, à faire effort pour devenir maître de lui.

Les jeunes gens y apprendront à mieux se connaître et partant à mieux s'estimer. Grâce aux échos des idées et à des discussions souvent répétées ils en arriveront à préciser leurs pensées et à rectifier leurs sentiments. En même temps qu'ils deviendront davantage eux-mêmes et se constitueront une personnalité, il s'établira entre leurs âmes des liens de sympathie et d'estime réciproque qui les accompagneront durant toute leur vie.

Méthode de travail. Il ne s'agit pas certes d'abandonner à eux-mêmes les jeunes membres des Cercles. Ils ont évidemment besoin d'une direction. Mais le directeur loin de substituer son action à celle de ses dirigés s'efforcera au contraire de la provoquer et de la pousser en avant, tout en l'orientant avec discrétion et avec sagesse. Sous la réserve de son contrôle et de la sanction de l'autorité première du collège, que les cercles se recrutent eux-mêmes parmi les élèves des classes supérieures qu'ils élaborent eux-mêmes leur règlement, choisissent leur bureau etc.... Qu'au cours des séances, la direction des débats soit laissée au président, et que le directeur, hors les cas exceptionnels, n'intervienne que pour résoudre les difficultés restées sans solution, ou redresser les erreurs commises. Ainsi les élèves sentiront que l'œuvre est bien leur : ils s'y attacheront et s'y intéresseront d'autant plus. Et il ne saurait y avoir à craindre que le mauvais esprit s'y glisse à la faveur de cette liberté si l'on a eu soin de ne s'adresser qu'à une élite.

Les sujets à traiter devront être aussi variés que possible. Il conviendra tour à tour de les emprunter aux matières classiques, littératures, histoire, philosophie, et aux problèmes religieux des temps modernes. Et qu'on ne dise pas que ce sera faire double emploi avec les cours d'Instruction religieuse. On ne saurait méconnaître, que par le seul fait qu'ils traiteront ces sujets eux-mêmes, qu'ils se feront personnellement une conviction sincère et réfléchie, ils seront d'autant mieux armés, pour plus tard défendre leur foi. Et sans prétendre leur faire résoudre les grands problèmes de l'économie sociale il ne faut pas perdre de vue que ces questions d'actualité ne leur échappent pas autour d'eux, et qu'ils se les posent dans leurs entretiens. Pourquoi hésiter dès lors à les éclairer et à les préciser ? Pourquoi ne pas profiter de l'âge où se forment les idées maîtresses de la vie, pour élever leurs âmes par delà l'égoïsme, les conventions et les préjugés, jusqu'à la notion du devoir et des responsabilités de la vie ?

Et l'éducation ainsi préparée s'achèvera n'en doutons pas, au lendemain de l'Ecole, dans les œuvres de jeunesse du dehors. Et ainsi il y aura continuité entre le collège et la vie ; de précieuses réserves de jeunesse et de vaillance ne se perdront plus, et par là les cercles d'études du collège prépareront aux œuvres de régénération sociale leurs plus ardentes recrues et leurs plus généreux apôtres....

V. Relations entre les différents groupes de Jeunesse Catholique.

I. Leur utilité : Il faut avons-nous dit convaincre nos jeunes gens qu'ils ne sont pas seuls, et qu'il y a encore en France, des hommes qui pratiquent leur religion. Comment pourrait-on mieux les en assurer, qu'en leur faisant prendre contact, le plus souvent possible, avec les autres « Jeunes » de la région, qui dans leurs localités respectives ne rougissent pas de leur titre de chrétiens, et sont encore nombreux à ne pas renier leur « acte de baptême » ? Il y aura pour tous bénéfice matériel et moral à voir s'établir entre jeunes gens de toutes les classes de la société une *amitié* sûre et durable, qui se retrouvera à toutes les périodes de la vie, au régiment aussi bien que dans les affaires. Il y aura du réconfort et de la joie pour chacun de se sentir unis dans la même foi et les mêmes espérances.

1° Tous camarades. Une semblable *camaraderie* aura vite raison des barrières de préjugés amoncelées entre les jeunes d'une même région. Elle s'entretiendra par des réunions fréquentes, grâce auxquelles les jeunes gens d'un même canton d'un même arrondissement se retrouveront souvent, apprendront à se connaître et par suite à sympathiser.

2° Emulation entre les groupes. Il s'établira d'autre part une bienfaisante émulation entre les groupes, aucun d'entr'eux ne voulant se laisser dépasser par le voisin dans la voie du bien a réaliser et de l'apostolat fécond. Livrés à eux-mêmes, ils chercheraient péniblement à surmonter des difficultés de détail, que l'exemple d'ailleurs leur solutionne sans effort. Isolés, ils ne tarderaient pas à s'anémier, et à tomber en léthargie. Ils n'auront garde au contraire de s'endormir, s'ils savent que d'un jour à l'autre, ils doivent s'attendre à une visite amie, ou à être appelés à rendre compte, en une revue d'armes, du chemin parcouru.

Toutes les Œuvres de Jeunesse trouveront par suite un renouveau de vie dans le concours réciproque qu'elles se prêteront en s'unissant et en se fédérant entr'elles. De personnelles qu'elles étaient trop souvent, elles deviendront le patrimoine de tous ; et l'on verra moins souvent un patronage ou une chorale de petite ville disparaître et s'éteindre par suite du départ du vicaire qui en était l'âme. Se sentant soutenus et comprenant qu'ils forment une escouade nécessaire dans le bataillon, ils ne se considèreront plus comme l'œuvre d'un homme, mais comme un besoin des temps présents.

Ainsi se créera un courant d'opinion très favorable, se formera une atmosphère religieuse intense, qui facilitera singulièrement la tâche des fondateurs pour l'enrôlement des jeunes recrues.

3° Aide mutuelle. La création de semblables relations entre les groupes de jeunesse sont de nature à profiter aux intérêts matériels eux-mêmes de leurs membres. Lorsqu'un d'entre eux quitte sa ville natale pour le service militaire, ou en quête d'une position sociale, ne sera-t-il pas bien aise, au lieu de rester perdu et isolé, de voir se tendre vers lui des mains franchement et cordialement tendues ; ne sera-t-il pas heureux de voir s'ouvrir devant lui les portes d'une œuvre analogue à celle qu'il a quittée, ou à côté de camarades tout dévoués, il sera assuré de retrouver sa manière de vivre passée ?

Ainsi se trouvera réalisée la véritable « aide mutuelle » que des catholiques véritablement dignes de ce nom se doivent entr'eux. Et nos adversaires, ne seront plus seuls à pouvoir se targuer de la protection efficace qu'ils assurent à leurs adhérents. Suivant le mot heureux de M. Paulin au Congrès de Rodez, « en face de la solidarité maçonnique aujourd'hui toute puissante, nous voudrons opposer la solidarité chrétienne, et ce sera la plus belle et la meilleure œuvre qui puisse sortir de notre organisation. »

Ainsi groupés, ainsi unis, les jeunes gens catholiques n'hésiteront plus à mettre leur influence au service de tous les intérêts catholiques. Par leur seule présence au reste, aux jours des grandes manifestations publiques de Foi, ils seront un puissant exemple, un précieux encouragement pour les habitants des paroisses où elles se dérouleront.

II. Œuvres diverses. Il y a donc tout à gagner à sortir de l'isolement, et à fraterniser avec les groupes voisins, avec les organisations régionales. Et nous nous empressons de reconnaître que depuis longtemps déjà les tentatives faites en ce sens ont été couronnées de succès.

1° *Commission des Patronages.* La *Commission centrale des Patronages* dans son dernier Congrès des Œuvres de Jeunesse, d'octobre 1903, pouvait se féliciter qu'un grand pas venait d'être fait à cet égard par l'organisation de nombreuses Unions régionales devant se fondre en une vaste Union générale de tous les Patronages de France.

Mais par sa définition même, cette organisation restreint ses cadres aux seuls groupements qui affectent la forme de Patronages, et les œuvres de formation sociale ne sauraient y trouver place.

2° *Le Sillon.* Le *Sillon* nous dira-t-on leur ouvre lui toutes grandes ses portes et leur communique bien rapidement sa puissante vitalité. Nous n'en disconviendrons nullement ; mais nous ne pouvons publier que le *Sillon* ne peut être considéré comme exclusivement une Œuvre de Jeunesse. Il s'adresse par son but, par son fonctionnement, par ses tendances, à toutes les classes de la société, à tous les âges. Ses Cercles d'Etudes sont ouverts à tous, jeunes et vieux, et ses Instituts Populaires s'adressent plus spécialement aux citoyens arrivés à l'âge d'hommes. Que les groupes de Jeunes soient en relations avec le *Sillon*, rien de mieux. Mais ces relations ne sauraient suffire à leur donner complète satisfaction.

3° *L'A. C. J. F.* Au-dessus de ces organisations plane la grande *Association Catholique de la Jeunesse Française* qui est à la fois « la plus ancienne, la mieux organisée, la plus vaste et la plus solidement établie. » (1) Elle a été fondée, il y a dix-sept ans par M. de Mun, en vue de grouper en faisceau, toutes les jeunes énergies éparses jusque là et disséminées dans des groupements divers.

Des réunions de jeunesse intellectuelle et bourgeoise, elle n'a pas tardé à s'étendre aux autres groupements de Jeunes. Après entente, avec la *Commission des Patronnages*, elle a été tout heureuse d'ouvrir ses rangs à la jeune et vaillante jeunesse des Patronages.

Fédération des Œuvres de Jeunesse. Elle forme au reste une *Fédération* de toutes les « Œuvres de Jeunesse » laissant à chacune son initiative et sa liberté d'allure, bornant son rôle à servir de trait d'union et de réconfort entre elles toutes. Elle entend réaliser la *Fédération de toutes les forces catholiques jeunes*, dans un intérêt *exclusivement* social.

(1) François Veuillot : *Almanach de l'Action Populaire. 1901, p. 237.*

« L'autonomie des groupes y est complète ; ils sont libres de s'organiser comme ils l'entendent, de s'occuper de ce qui les intéresse, de le faire de la manière qu'il leur plaît. L'association ne leur impose aucune obligation particulière, aucune sujétion. C'est ce qui lui permet d'atteindre tous les milieux, de rassembler les éléments les plus divers : c'est ainsi qu'elle comprend des groupes de collège, et des groupes d'étudiants,—des groupes d'employés et d'industriels,—et des groupes de paysans. Citadins et ruraux, hommes du peuple et bourgeois sont chez elle sur le pied de l'égalité la plus parfaite.... » (1)

La Fédération n'intervient que pour supprimer *l'isolement*. Elle met au profit de tous l'aide et l'expérience de chacun, au profit de chacun l'enthousiasme entraînant de tous.

L'association a donc pu être définie : « *moins une œuvre proprement dite que le groupement de toutes les bonnes volontés jeunes et actives* qu'elle aspire à encourager dans leurs études et dans leurs œuvres, loin de vouloir les en détourner. Son but est la préparation à la *vie catholique militante* des jeunes gens unis par les liens d'une franche camaraderie qui sera leur meilleure force, leur plus assurée sauvegarde dans les luttes de demain.

Son programme. Son mot d'ordre est la soumission absolue aux directions du chef de l'Eglise, son drapeau, le *drapeau national aux trois couleurs* qu'elle fit flotter à Rome pour la première fois depuis nos désastres, et qui comme gage les plus hautes espérances, reçut en même temps que la bénédiction du Pape, le baiser de ses lèvres augustes.

Les moyens qu'elle indique a ses membres pour atteindre le but qu'elle se propose sont : la *Piété*. l'*Etude*, l'*Action*.

« La *Piété* se manifeste principalement dans des actes collectifs, dans des manifestations communes et extérieures de notre foi. C'est en général une protestation contre le respect humain : retraite, messe mensuelle, concours apporté à une solennité religieuse, à des processions, à des pèlerinages ; *elle tend à développer la foi agissante*, celle qui se traduit par des œuvres....

« Pour se rappeler ce devoir, pour s'aider à le bien accomplir, comme aussi pour se garantir contre toute erreur de doctrine ou contre toute

(1) Gaston Lacoin : *Rapport présenté le 11 juin 1902 à la Société d'Economie sociale.*

fausse interprétation, chacun de ses groupes *doit* s'assurer le *concours d'un aumônier.* Inutile de dire que ce choix est absolument libre, tout comme aussi que l'aumônier conseille et ne commande pas. Son autorité est d'autant plus grande qu'elle est purement religieuse et morale. Le conseil a d'autant plus de poids qu'on sait que c'est l'avis d'un prêtre et pas seulement celui d'un chef.... » (1)

L'*Etude* est destinée à mettre les jeunes catholiques en mesure de connaître les graves questions qui agitent notre temps.

Enfin par l'*Action* ils propagent autour d'eux, — chacun dans son milieu — les croyances religieuses et les doctrines sociales qui leur sont communes et qu'ils ont fortifiées et précisées par une incessante collaboration.

Piété, *Etude*, *Action* ainsi se résument les éléments du *devoir social* qui s'impose d'autant plus impérieux aux catholiques qu'eux seuls peuvent réaliser pacifiquement et efficacement *les réformes sociales* auxquelles a droit notre démocratie.

Son fonctionnement.

Elle est gouvernée par un **Conseil Fédéral** émanation des groupes et dont le *Comité permanent* n'est que l'organe et l'exécuteur. D'autre part entre le centre et les extrémités, le *Conseil Fédéral* a provoqué la création d'*Unions régionales et diocésaines* dont l'influence plus rapprochée, plus directe et donc plus intense, a permis de ramifier l'Association jusque dans les moindres villages.

Services de renseignements.

Grâce au fonctionnement de leurs nombreux *services* (2), c'est un échange perpétuel entre les groupes de correspondances, de demandes de renseignements, de questionnaires, etc..., etc...

« L'Aide Mutuelle » est plus spécialement assurée par les Unions régionales et départementales. Au chef lieu un Comité permanent est chargé de centraliser les demandes et de servir d'intermédiaire pour les offres et demandes d'emploi, pour faire toutes démarches ou recommandations utiles... C'est au Conseil Fédéral de 1902 que cette idée depuis longtemps à l'étude a pris corps et s'est précisée. Il fut décidé la création dans chaque Union régionale d'un bureau de renseignements en communication avec le bureau central déjà établi à Paris.

(1) Gaston Lacoin. *Ibid.*

(2) L'énumération en est ramenée dans la Notice sur l'Association ci-après.

Cette organisation nouvelle s'est rapidement accréditée et répandue aujourd'hui, il n'est pas d'Union départementale qui n'ait elle aussi son service de renseignements, en communication permanente avec les organisations similaires.

Secrétariat général.

La méthode la plus généralement employée consiste à ouvrir au chef-lieu du département, un secrétariat général chargé de centraliser les demandes et de leur donner réponse. C'est là que parviennent également les demandes et offres d'emploi, qui sont aussitôt publiées si besoin, dans les organes de l'Association et les journaux locaux.

Délégués locaux.

Dans chaque ville où se trouvent un ou plusieurs groupes, un délégué est spécialement chargé de servir d'intermédiaire, de recevoir et renseigner les camarades de passage, d'accueillir et présenter les nouveaux venus...

Dès lors, toutes les fois qu'un jeune homme ou un patron demande ou offre un emploi, il n'a qu'à s'adresser au délégué voisin, ou au secrétariat général, en joignant un timbre pour la réponse et *0 fr. 25 pour frais d'insertion*, et il peut être assuré qu'il sera fait l'impossible pour lui donner satisfaction.

Pour les conscrits.

Chaque année le *Comité général* publie une liste (1) de délégués spécialement chargé dans chaque ville de garnison, de recevoir les jeunes conscrits de l'Association et leur rendre la vie à la caserne la moins dure possible. Ils ont pour mission de les mettre en relations avec les groupes de la ville, de les renseigner sur tout ce qui peut leur être utile, de leur indiquer un lieu de dépôt pour leurs effets civils, de servir d'intermédiaire pour envois de fonds et autres, en un mot de ne pas trop laisser regretter aux camarades du dehors la vie de famille.

Aussi grâce à ces multiples organisations, grâce à cette camaraderie fraternellement pratiquée, les membres des divers groupes de Jeunesse catholique apprendront à mieux se connaître et à mieux s'entr'aider. Leurs groupements deviendront par le fait même, les cellules d'une société nouvelle régénérée une fois de plus dans le Christ...

(1) Un exemplaire est déposé au secrétariat des Unions diocésaines pour être communiqué aux intéressés. Il est recommandé en outre au secrétaire de chaque groupe, de donner à chaque conscrit une lettre de recommandation pour l'accréditer auprès du délégué ou de l'aumônier militaire.

Conclusion

La conclusion nécessaire qui s'évince de ces quelques pages, c'est que l'éducation de la jeunesse est la pierre angulaire de l'ordre social. Or, les familles étant impuissantes à donner cette éducation, l'école ne pouvant y suffire, ou risquant de la dénaturer, les *Œuvres postscolaires*, les *Œuvres de Jeunesse* sont de première nécessité. Elles ont une importance d'autant plus grande qu'à raison même de leur âge, les jeunes sont appelés à en retirer un plus grand profit.

En avant !

Il faut donc en créer partout, sous n'importe quelle forme ; il suffit de les adapter au milieu dans lequel elles seront appelées à se développer. Il faut ensuite les fédérer, les unir entr'elles, les mettre en relations avec les grandes organisations de jeunesse.

Grâce à cet apostolat nouveau, les générations nouvelles entreront dans la vie sociale avec une formation véritablement utile. Leurs idées, leurs aspirations seront dirigées vers un idéal plus noble que la seule morale de l'intérêt.

Le Christianisme retrouvera son rôle bienfaisant.

Jeunes Catholiques, crânement et résolûment catholiques, ils auront pour ambition de forcer la sympathie et l'estime des indifférents et des adversaires eux-mêmes. Par leur action sociale jamais lassée, ils montreront que le christianisme renferme seul la solution des problèmes modernes. Ils révèleront au peuple que le Dieu inconnu, qu'il honore sous le nom de solidarité, de fraternité et de justice, n'est autre que le Christ dont des préjugés et des mensonges lui avaient obscurci la radieuse figure. En réalisant le plus possible l'idéal évangélique, nous réfuterons éloquemment et pratiquement ces préjugés et ces mensonges. Et du jour où l'influence du Christianisme ne sera plus systématiquement combattue et tenue soigneusement dans l'ombre, son rôle bienfaisant s'exercera à nouveau et rayonnera comme jadis pour le plus grand bien du Pays.

Tel doit être l'idéal vers lequel doivent tendre les organisations de jeunesse. Et cela sans ambitions personnelles, sans préoccupations de parti, sans arrière-pensées de domination politique. Puisque c'est à l'idée chrétienne seule que notre vieux monde doit la civilisation brillante dont il se montre si fier ne laissons pas éteindre ce flambeau divin sans lequel nous retomberions dans les ténèbres de la barbarie. Puisque tout ce qui s'est fait de bon, d'utile et de grand procède de l'esprit de l'Evangile, prêchons-en très-haut la bienfaisante doctrine.

Il guérira les plaies de la société moderne.

« C'est précisément, écrivait ces jours derniers M. Descostes (1), parce » que cette doctrine est ou travestie, ou ignorée, ou insuffisamment » connue, que des masses sont entraînées, au rebours de leurs véritables intérêts, à prendre en aversion ceux qui en sont les représentants, les ministres ou les disciples : on est arrivé à leur faire accroire » qu'elle est la négation des principes fondamentaux d'une démocratie, » alors qu'elle en est au contraire la base essentielle. Pour le plus » grand nombre qui dit Evangile dit réaction ; qui dit religion dit cléricalisme, retour aux régimes déchus, entrave à l'évolution naturelle de ce que les cléricaux à rebours, qui nous gouvernent, appellent » le progrès humain les réformes démocratiques...

» C'est ce concept pernicieux qu'il importe de faire disparaître de » l'esprit du peuple en lui démontrant par la divulgation de la vraie » doctrine du Divin Maître, et par son application aux phénomènes de » la vie sociale, œuvres d'assistance, de mutualité, de patronage, que » cette doctrine est indépendante des mesquines contingences politiques, qu'elle leur est supérieure et qu'elle les domine de toute la » hauteur qui sépare le ciel de la terre, l'âme du corps, l'infini du fini, » l'esprit de la nature... »

Ce magnifique programme est bien de nature, ce semble, à tenter de jeunes enthousiasmes, des cœurs de vingt ans qui ont le droit, et mieux encore le devoir de se passionner pour les grandes Causes. Peut-il en être une plus belle, plus attirante que ce retour du peuple à l'Eglise, cette restauration de l'ordre social chrétien qui reste le but immédiat des efforts de tous les catholiques du monde entier : *Instaurare omnia in Christo*...

(1) Lettre de l'éminent bâtonnier de Chambéry dans la Chronique du Sud-Est — Février 1901.

« Oh ! comme la désespérance s'écriait naguère Marc Sangnier ressemblerait à une lâcheté en face de la tâche actuelle immédiate, sûre » et rédemptrice qui vient s'offrir à tous, même au moindre d'entre » nous !... »

Devoir d'espérer.

La Providence certes a ses desseins, mais il paraît manifestement impossible que la poussée merveilleuse qui secoue en un frisson d'enthousiasme tous les « Jeunes » de France, soit vaine et sans lendemain. A chacun, dès lors, de collaborer utilement à la formation de cette génération nouvelle animée d'un esprit nouveau, qui se lève, et qui selon encore un mot de Marc Sangnier, se prépare à fonder une race...

ANNEXES

A. — Notice sur l'Association catholique de la Jeunesse Française.

I. **Origine.** — L'idée première d'une Association Catholique de la Jeunesse de France est due au comte Albert de Mun.

Aidé de ses conseils, Robert de Roquefeuil et plusieurs de ses amis de l'Œuvre des Cercles Catholiques d'ouvriers fondèrent, en 1886, l'*Association Catholique de la Jeunesse Française.*

II. **But.** — L'*Association* a pour but de *grouper toute la Jeunesse Catholique de France* :

1° Pour fortifier sa *Foi* par l'encouragement d'un mutuel exemple ;

2° Pour coordonner son *Action* en vue de restaurer l'ordre social chrétien ;

3° Pour préparer pour l'avenir une génération de catholiques militants *unis* et *disciplinés,*

III. **Importance.** — Son développement répond plus que jamais aux besoins et aux aspirations de l'heure présente. Car les *associations sont désormais les instruments indispensables de toute action grande et féconde.* Les individus, quel que soit leur talent ou leur dévouement, ne peuvent prétendre à rien quand ils demeurent isolés, quand ils n'unissent pas leurs efforts pour le bien commun.

L'*Association* a été reconnue *officiellement* par un Bref du Souverain Pontife (1er décembre 1894) qui accordait à ses membres des Indulgences spéciales. — Depuis lors, *Notre Saint Père le Pape* et l'*Épiscopat Français* n'ont cessé de lui prodiguer leurs plus paternelles bénédictions. Récemment encore, à l'occasion du pèlerinage de l'Association à Rome (octobre 1902), le Pape a daigné la gratifier d'un nouveau Bref et de nouvelles Indulgences. (1)

IV. **Organisation.** — L'*Association* est une *Fédération de groupes* de formes très diverses et créés dans tous les milieux sociaux, à la ville et à la campagne : elle réunit ainsi dans une même amitié des étudiants et des ouvriers, des employés et des cultivateurs.

Chaque groupe garde son entière *autonomie*; il lui suffit pour obtenir son affiliation de justifier que, dans sa vie il se préoccupe de la *Piété*, de l'*Etude* et de l'*Action*.

L'organe directeur de l'Association c'est le *Conseil Fédéral*, assemblée annuelle des délégués de tous les Groupes affiliés.

Le *Conseil Fédéral* élit tous les deux ans le *Comité général* chargé d'exécuter toutes les décisions du Conseil et de maintenir l'union entre tous les groupes.

Cette *union* est entretenue :

Par les *Correspondances* échangées entre chaque groupe et le *Comité Général*. (2)

Par des *visites* faites aux groupes par les membres du *Comité Général*.

Par la « *Revue de la Jeunesse Catholique* », à laquelle chaque groupe doit être abonné.

Par la participation des groupes et des membres isolés de l'*Association* aux *réunions et Congrès*.

Indépendamment des liens qui rattachent chaque groupe au *Comité Général*, les groupes de l'*Association* sont encore reliés entre eux par des **Unions diocésaines et régionales.** Dans presque toutes les régions de France il existe de ces *Unions* dont l'organisation reproduit l'organisation générale de l'*Association* et qui publient *elles aussi* des *Bulletins régionaux*.

Outre les groupes, l'*Association* admet des **membres isolés.** Elle ouvre ses rangs aussi largement que possible à *tous les jeunes catholiques français*.

(1) Nous sommes heureux d'annoncer qu'un nouveau pèlerinage de l'Association à Rome est organisé pour le 20 septembre 1904 pour un prix inférieur à 140 francs. Un programme détaillé paraîtra prochainement.

(2) Plusieurs membres du Comité ayant le titre de *secrétaires de zones*, sont chargés de correspondre avec les diverses régions.

III. Service de renseignements.

1. Renseignements généraux. — S'adresser au secrétaire de l'Association, 76, rue des Saints-Pères.

2. Renseignements professionnels. — Victor Bettencourt, avocat à la Cour d'appel, 14, avenue de l'Observatoire.

3. Renseignements juridiques. — Georges Piot, docteur en droit, avocat à la Cour d'appel, 13, rue de l'Abbaye.

4. Renseignements sur les syndicats. — Partie juridique : Gaston Lacoin, docteur en droit, avocat à la Cour d'appel, 3, rue de l'Université. — Questions d'organisation : Jules Zirnheld, employé de banque, 16, rue des Pyramides.

5. Commission des études, destinée à aider les groupes dans leurs travaux. — *Président :* Jean Lerolle, docteur en droit, avocat à la Cour d'appel, 16, avenue Bosquet. — Pour toute demande de renseignements, prière d'envoyer un timbre.

VII. — Union régionale du Midi.

Au lendemain du Congrès de Montauban les vastes salles de l'Institut catholique de Toulouse se remplissaient de nombreux délégués des associations d'hommes et de jeunes gens de la région. A la suite d'un vibrant appel de Jean Lerolle, l'Union régionale du Sud-Ouest était fondée. Elle englobait à l'origine les départements de la *Haute-Garonne, Ariège, Aveyron, Tarn, Tarn-et-Garonne. Lot, Lot-et-Garonne, Hautes et Basses-Pyrénées, Landes, Gers, Aude, Pyrénées-Orientales, Hérault, Gironde et Dordogne.*

L'extension considérable prise par l'Association dans la région a décidé le Comité Fédéral à créer une nouvelle Union régionale ayant son siège à Bordeaux et qui conserverait le titre d'Union du Sud-Ouest, tandis que Toulouse deviendrait le centre de l'Union régionale du Midi.

I. Comité régional.

Président : Alexandre Sourise, avocat, 5, rue du Taur.

Vice-présidents : Louis Pagès, avocat, 45, Rue du Rempart, — St-Etienne. Charles-Maurice Bellet, avocat, 15, rue Peyras.

Trésorier : Louis Théron de Montaugé, 75, Bd. Carnot.
Membres : Pigasse, de Gironde, Deniau, Rendu, Boyer, Hyeau, Molinéry, Marty.
Secrétaire-général : Henri Rouzaud, 81, rue du Faubourg-St.-Etienne.

II. Secrétaires départementaux.

1er **Zone.** (Haute-Garonne) : Gilbert de Gironde, 5, rue Fermat.
2e **Zone.** (Ariège) : Ch. M. Bellet.
3e **Zone.** (Tarn-Aveyron) : Jules Pigasse, 45, rue du Rempart- St.-Etienne.
4e **Zone.** (Lot-et-Garonne, Lot, Tarn-et-Garonne) : L. A. Pagès.
5e **Zone.** (Hautes-Pyrénées, Basses-Pyrénées, Landes, Gers) : André Pujol, 8, rue Romiguière.
6e **Zone.** (Aude, Pyrénées-Orientales, Hérault) : Paul Pataud, 3, rue d'Embarthe.
7e **Zone.** (Gironde-Dordogne), Emile Daurian, 17, rue Ste. Ursule.

III. Organe régional.

L'Echo des œuvres sociales du Sud-Ouest (mensuel : 2 francs par an).
Administration : 41, rue des Grands Fossés, Tarbes.
Rédaction : Pour tout ce qui concerne la chronique de l'Association s'adresser à M. Henri Rouzaud, secrétaire général.

VIII. — Union départementale de l'Aveyron

L'Union départementale est composée de tous les *groupes de jeunesse :* Conférences. — Cercles. — Patronages et autres — aussi bien que des *membres isolés* qui n'ont pas encore pu se rattacher à une œuvre voisine.

Chaque année les groupes sont invités à se réunir en un **Congrès départemental** à qui incombera le soin de constituer le *Comité permanent de l'Union*.

Ce comité a pour mission spéciale de travailler a resserrer les liens de camaraderie et les rapports fraternels entre les groupes du département. Par l'envoi de lettres, de circulaires, de questionnaires, par l'organisation d'enquête ou de concours, il entretient et stimule la vie des groupes. Il provoque d'autre part l'organisation de Congrès cantonaux et d'arrondissement, afin de faire pénétrer l'esprit de l'association dans tous les milieux, et de hâter la création de nouveaux groupes.

Plusieurs *conférenciers* sont à la disposition des groupes pour aller porter leur concours et leurs encouragements aux réunions d'études ou dans des assemblées plus importantes (1).

Enfin un *Bureau de renseignements* est ouvert au secrétariat général pour répondre aux demandes diverses des membres. A ce bureau se rattache le *service des recommandations* qui est à la disposition des jeunes conscrits pour leur signaler les camarades et les œuvres où ils pourront être reçus dans la ville de garnison où ils sont envoyés, — suivant ceux qui viennent à quitter le pays et leur ouvrant le groupe le plus proche dans leur nouvelle résidence, — s'occupant enfin de procurer à tous des relations et des emplois se tenant pour cela en rapport avec les patrons, et publiant au besoin les offres et demandes d'emploi.

Le *Comité permanent de l'Union* sert d'intermédiaire pour les demandes d'affiliation, à l'A. C. J. F. (2) Elles doivent lui être adressées en double exemplaire, destinés aux archives de l'Union Régionale et du Comité Fédéral.

Les groupes de leur côté **doivent** au moins *tous les trois mois* transmettre au secrétariat un court rapport sur les travaux du groupe.

L'organe officiel de l'*Union départementale de l'Aveyron* est l'*Echo des œuvres sociales du Sud-Ouest*. Cela n'empêche pas le comité de faire insérer des *communiqués* intéressant les groupes du département dans « *le Labeur* » petite revue des œuvres de la Paroisse du Sacré-Cœur de Rodez, publié tous les mois par le *Groupe d'Etudes sociales des jeunes gens du Sacré-Cœur* (3).

(1) Les groupes qui croient devoir appeler à eux des conférenciers de Paris, Toulouse, Rodez ou d'ailleurs, sont dans l'obligation de les indemniser de leurs frais de route et de séjour.

(2) Il tient à la disposition des groupes des imprimés qu'il n'y a qu'à remplir.

(3) L'abonnement qui est de 3 francs par an est réduit à 2 fr. 50 pour les groupes.

L'organisation se complète d'*Unions cantonales et d'arrondissement* qui servent de trait d'union entre les groupes d'une même région.....

Au prochain Congrès départemental auront lieu l'élection du Comité définitif et la désignation aux chef-lieu d'arrondissement et de canton des *délégués au service des renseignements.*

Comité provisoire.

Président : Henri Bonnafé avocat, 3-9, Bd. d'Estourmel.
Secrétaire général : Louis Serin, 3, Place de la Cité.
Trésorier : André Vigroux, avocat, Bd. de la République.

B. — Notice sur le Sillon.

Le Sillon était à l'origine une Revue de Jeunes que les aspirants polytechniciens fournissaient d'articles. Au début de 1899 Marc Sangnier devenait l'âme du *Sillon* renouvelé, et ne tardait pas à en faire le centre d'un mouvement de conquête et de pénétration populaire. Autour de l'organe un groupe de jeunes énergies se formait, se vivifiait, s'accroissait et donnait à l'organisation nouvelle le titre même de la Revue.

I. Son but. — Le *Sillon* se propose de travailler à développer les forces sociales du catholicisme dans la société contemporaine. Il s'efforce d'agir sur les milieux catholiques par une action de formation, de façon à les rendre plus aptes à un travail social utile. Il se propose aussi de pénétrer dans les milieux indifférents ou hostiles par une action de rayonnement. L'influence catholique lui paraît indispensable pour permettre à la démocratie de s'organiser.

II. Son organisation. — A cet effet *le Sillon* dépense son ardente activité entre **les Cercles d'Etudes** et **les Instituts populaires.**

Pour faciliter la préparation des conférences, le *Sillon* a ouvert des *salles de travail* où des membres viennent chercher les documents et les renseignements qui leur sont nécessaires. Des consultations écrites sont même fournies aux Cercles d'Etudes de province qui en font la demande.

Les *Instituts populaires* ne sont pas comme les Cercles d'études des groupes confessionnels destinés à former une élite ouvrière catholique; ce sont, au contraire, des groupements largement ouverts à tous sans distinction de croyances ou d'opinions. Les Instituts populaires ne sont pas confessionnels, mais ne sont pas neutres. Ce sont des œuvres de rayonnement.

Les Instituts populaires de Paris et de province viennent de se grouper en une *Fédération Nationale*.

En outre le *Sillon* organise des promenades dans les usines, les musées, les œuvres économiques : elles sont conduites par des guides compétents.

Des voyages d'études, dont les prix sont plus que modiques, grâce à l'hospitalité accordée par les camarades de province, permettent aux jeunes Parisiens de connaître les merveilles naturelles et architecturales de la France, et en même temps de prendre contact avec les groupes de province.

Un des résultats les plus heureux des jeunes du *Sillon* a été d'acclimater dans Paris la réunion contradictoire en y imposant le calme et la courtoisie dans la discussion. Il y est parvenu tout d'abord en y apportant toujours et quand même une discussion loyale, sans haine et sans injure. Mais la grande part en revient à l'organisation de *la Jeune Garde*. Elle se compose de jeunes catholiques âgés de 16 à 21 ans plus spécialement chargés de maintenir l'ordre et la liberté de discussion contre tous les perturbateurs, en faveur de tous les orateurs. Elle ne met dehors que les turbulents systématiques.

Ces nouveaux chevaliers reçoivent une double formation. D'un côté la *Jeune Garde* est rompue aux exercices du corps, soumise à une discipline militaire. De l'autre elle constitue presqu'une confrérie : ses membres sont choisis parmi les jeunes catholiques les plus déterminés, un aumônier les dirige, et leur réception ne s'effectue qu'après une nuit d'adoration à Montmartre. Ils furent tout d'abord une douzaine. Ils sont aujourd'hui plus de cent répandus dans Paris, divisés en escouades.

Les Cercles d'Etudes en relation avec le *Sillon* ne sont nullement fédérés. Ils ne sont unis à lui que par les liens immatériels de leurs aspirations communes. Ils sont en communication avec lui par la Revue et par une correspondance trimestrielle.

Pour tous renseignements, s'adresser, 34 boulevard Raspail, Paris.

C. La Commission des Patronages.

La Commission centrale des Patronages a été créée en vue de fédérer les jeunes gens des Patronages et de leur servir d'intermédiaire pour faciliter leur développement. Elle est présidée depuis plusieurs années par le vaillant Dr Michaux dont l'heureuse initiative a si fort contribué à mettre les sports en honneur dans les Œuvres de Jeunesse. C'est grâce à ses organisations, à ses concours, que se sont développées ces dernières années tant de sociétés de gymnastique qui sont venues décupler la force de ces organisations.

La Commission publie un organe : *Le Patronage*, paraissant le 15 de chaque mois, avec un supplément de quinzaine, « *Les Jeunes* » Le prix de l'abonnement est de 5 francs par an. Elle a édité à l'occasion de l'Exposition de 1900 un ouvrage illustré « Le Patronage et les Œuvres de Jeunesse » qui constitue un résumé des plus complets des œuvres complémentaires de l'Ecole. (1)

La commission se met à la disposition de ses correspondants pour tout ce qui peut intéresser la bonne marche des patronages. Elle renseigne sur les questions de mutualité, associations, assurances ; Elle a publié un catalogue de jeux et objets utiles qu'elle procure aux directeurs d'œuvres de jeunesse. Il en est de même pour les pièces de théâtre et les projections lumineuses.

Elle tient plusieurs systèmes d'appareils à la disposition des amateurs dont les prix varient de 55 à 121 fr. 50 suivant que l'on veut recourir a la lumière oxyéthérique ou au contraire se contenter d'une lampe à pétrole. (2)

On peut aussi se contenter de prendre en location les appareils nécessaires pour une ou plusieurs séances en même temps que les vues. L'abonnement courant est 5 francs par 8 jours. Pour les vues, leur prix d'achat varie de 0 fr. 75 à 1 fr. 50 pour les vues ordinaires et de 2 fr. 25 à 3 fr. pour les vues coloriées. — En location le prix est de

(1) Prix 3 fr. 50 rendu à domicile.

(2) Demander les catalogues spéciaux 7, Rue Coetlogon, Paris.

0 fr. 10 par vue en noir et 0 fr. 20 ou 0 fr. 25 par vue coloriée, — port en sus bien entendu. (1)

D. La mutualité scolaire.

On ne saurait jamais commencer trop tôt l'apprentissage de l'idée mutualiste chez le jeune homme et chez l'enfant. Aussi s'est-on préoccupés déjà depuis longtemps d'en faire pénétrer la bienfaisante influence à l'école et dans les groupements de jeunesse. La mutualité scolaire fut introduite dès 1881 dans les écoles communales de Paris par M. Cavé : de là leur vient le nom de *Petites Cavé* sous lequel elles sont souvent désignées. Elle a fait de rapides progrès du moins dans l'enseignement officiel. Dans l'enseignement libre, il semble qu'on ne s'en soit guère occupé jusqu'à ces toutes dernières années. Il valait cependant la peine de s'en inquiéter. Elle était une cause de recrutement et un moyen de propagande des plus fructueux.

Aussi les maîtres chrétiens s'efforcent-ils aujourd'hui de rattraper cet état d'infériorité. Ils ne peuvent qu'être encouragés dans cette voie, et les fondateurs d'Œuvres de Jeunesse de leur côté doivent les seconder de leur mieux et s'entendre avec eux pour greffer sur la mutualité scolaire, une mutualité de Patronage qui continue l'œuvre commencée et la poursuive jusqu'à la majorité de l'enfant.

Le mécanisme essentiel consiste à faire verser à l'enfant 2 sous par semaine. Au moyen du premier sou, on lui assure un secours de 0 fr. 50 par jour pendant le premier mois de maladie et de 0 fr. 25 pendant les deux mois suivants. Le deuxième sou qu'on place pour lui, est porté sur un livret de retraite ou d'épargne. Et la pension dont on peut constituer ainsi les premiers éléments est loin d'être négligeable.

Un enfant qui entre dans une mutualité à 3 ans, y fera régulièrement ses versements jusqu'à 21 ans (0 fr. 10 par semaine jusqu'à 16 ans — et 0 fr. 20 de 16 à 21 ans) — et qui ensuite versera sur son livret de retraite 1 fr. 50 par semaine jusqu'à 65 ans, aura droit à

(1) La Revue « Le Fascinateur » publiée par la Bonne Presse fournit d'utiles indications.

36 fr. 55 de rente, et le jour où il mourra, ses héritiers trouveront un capital réservé de 2.789 fr. 80.

Et ce n'est là qu'un des multiples combinaisons que peut adopter le jeune mutualiste. Beaucoup préfèrent semble-t-il affecter le second petit sou à un livret de dotation qu'ils touchent à 18 ou à 21 ans au moment de l'apprentissage ou de l'établissement.

Qu'on ne s'arrête pas aux difficultés d'exécution. La responsabilité est presque nulle, tant la comptabilité est simple. La retraite est de son côté calculée et servie par la *Caisse nationale des Retraites*. Les démarches de fondation consistent dans le dépôt à la Préfecture des statuts en double exemplaire avec la liste des personnes chargés à l'origine de la direction ; on prend récépissé de ce dépôt et un mois après on peut commencer à fonctionner comme société libre. Si on demande l'approbation, — et on devra le faire dans la plupart des cas — on joint la demande aux pièces précitées et trois mois après on reçoit l'approbation. (1)

E. — Statuts pour une Œuvre de Jeunesse.

ARTICLE I. — Il est fondé à ...... sous le nom de ...... (2) une association entre les jeunes gens catholiques de la paroisse de......

ARTICLE II. — Elle a pour but le perfectionnement de ses membres et leur formation religieuse et sociale en vue de préparer au pays des chrétiens convaincus et des citoyens utiles à leurs semblables.

ARTICLE III. — Pour faire partir de ce groupe, il faut : 1° Etre âgé de...... ans ; 2° Etre présenté par deux membres accepté par le Bureau, et promettre d'observer les statuts ;

ARTICLE IV. — L'association est dirigée par un bureau composé d'un président, d'un vice-président, d'un secrétaire, d'un trésorier et d'un bibliothécaire.

Le Bureau doit s'entendre avec l'autorité ecclésiastique pour qu'il

(1) On sera assuré d'établir des statuts dans d'excellentes conditions en demandant les statuts modèles publiés soit par la *Chronique du Sud Est*, 10, quai Tilsitt, à Lyon (prix 1 fr.)— soit par la Société générale d'Education et d'Enseignement, 35, Rue de Grenelle, Paris.

(2) Une récente communication du Comité Fédéral conseille beaucoup le nom de « groupe d'Etudes et d'Action sociales de.... »

lui soit désigné un aumônier qui prend part à toutes ses réunions et y a voix délibérative.

Article V. — Le bureau est élu tous les ans au mois de janvier. Les membres sortants sont rééligibles.

Article VI. — Le président, ou à son défaut le vice-président, dirige les débats dans les réunions, assure le bon ordre et la discipline, et reçoit les demandes d'admission, de démission etc...

Article VII. — Le secrétaire rédige les procès-verbaux des séances, et demeure chargé de la correspondance et des convocations.

Article VIII. — Le trésorier tient la comptabilité, reçoit les cotisations, et solde les dépenses après visa du président.

Article IX. — Tout membre dont les tendances cesseraient d'être conformes à l'esprit de l'association, ou qui par son inconduite ou par son désordre troublerait les réunions, pourra être rayé par le Bureau, du nombre des adhérents.

Tout membre qui aura manqué un certain nombre de réunions sera considéré comme démissionnaire.

Article X. — Les séances du groupe ont lieu le... à.....

Article XI. — En vue de mettre en pratique la triple maxime que l'Association Catholique de la Jeunesse Française donne comme mot d'ordre à tous ses adhérents, le groupe s'engage :

(a) Au point de vue de la *Piété*, à accomplir, sans fausse-honte et sans respect humain, ses devoirs religieux, et plus spécialement à faire célébrer la fête de son saint Patron, à prendre part à toutes les manifestations publiques du culte etc...

(b) Au point de vue de *l'Etude*, à exercer les jeunes gens à réfléchir, raisonner et discuter.

(c) En vue de *l'action*, à propager autour de lui les doctrines religieuses et sociales qui tendent à restaurer partout l'ordre social chrétien.

Article XII. — La politique de personnes et l'action électorale seront rigoureusement bannies des discussions et de l'action du groupe.

Article XIII. — Une cotisation de..... sera versée par chaque membre pour subvenir aux différents frais de l'Association et solder les abonnements et l'entretien de la bibliothèque.

Article XIV. — Les membres de l'Association se réservent de fonder entre eux telles institutions économiques et de prévoyance qu'ils jugeront utile. (1)

F. — Programme d'Etudes (2).

1° Sujets de conférences pour Cercles d'Etudes ruraux :

Votre commune, *son histoire, sa situation géographique, économique, commerciale.*

Votre église, *description, fêtes qui s'y passent.*

Le patron de votre paroisse, *son histoire, pourquoi il a été choisi.*

Les confréries. — *Les sociétés dans votre commune (religieuses, indifférentes, hostiles).*

La population de votre commune.

Les métiers dans votre commune.

La culture dans votre commune. *Etat comparé.*

(1) Tels sont les principaux articles des statuts, chaque groupe devant les compléter par un règlement intérieur réglant l'ordre des séances, les méthodes de travail, etc... etc...

(2) Nous n'indiquons autant que possible comme sources à consulter que des ouvrages simples et des brochures bon marché, à la portée de toutes les bibliothèques de Cercles d'études, et faciles à retrouver dans notre bibliographie. Pour les sujets dont le titre lui-même est une indication, nous rappelons la série à laquelle il conviendra de se référer. Pour simplifier, nous désignerons seulement par leurs premières lettres les principales publications. Exemple :

P. S. *Bibliothèque de la Paix sociale.*
D. R. *Comité de Défense religieuse.*
A. P. *Action populaire.*
S. *Sillon.*
E. *Echo des œuvres sociales du Sud-Ouest.*
B. P. *Bonne presse.*
B. *Cercle d'Etudes de Binche.*
S. R. *Collection Science et Religion.*
E. S. *Bibliothèque d'économie sociale.*

Les engrais. *Sources :* B. P. ; — de Barrau : *Manuel d'Agriculture.*

La culture fourragère. — *Sources :* B. P. ; — Denaiffe : *Manuel de culture fourragère.*

La vigne. — *Sources :* B. P. ; — M. Lafon: *le Petit Vigneron aveyronnais.*

Le vin. — *Id.*

La pomme de terre.

L'alimentation du bétail.

Les abeilles.

La crise agricole. *Sources :* Abbé Quillet ; — Mgr. Turinaz : *l'Emigration rurale.*

Le bien de famille. *Sources :* Abbé Lemire ; — Dr Lancery : *le Terrianisme.*

Syndicats agricoles. *Sources :* A. P. ; — de Gaillard Bancel.

Caisses rurales. *Sources :* A. P. ; — L. Durand.

Assurances contre la mortalité du bétail. *Sources :* A. P. ; B. P.

Mutualités. *Sources :* A. P. ; B. ; — *Ann.alm.* A. P.

Mutualités scolaires.

Coopératives agricoles. *Sources :* Abbé Mazelin : *Un curé et ses œuvres rurales ;* — *diverses brochures* B. ; — Lecoq : *Action coopérative*, S. R.

Laiteries et fromagéries coopératives. *Sources :* B.

Les machines agricoles à la portée de tous. *Sources :* Abbé Fontan, E. S.

Le repos du dimanche. *Sources :* B. P. ; — Mgr Turinaz : *Trois fléaux de la classe ouvrière.*

L'alcoolisme. *Sources :* S. ; — Mgr Turinaz : *Trois fléaux de la classe ouvrière.*

L'influence du consommateur sur le salaire. *Sources :* Emm. Rivière : *Ligue sociale d'acheteurs.*

La dépopulation. *Sources :* B. P.

La liberté d'enseignement. *Sources :* P. S. ; S. R. ; S.

La Franc-Maçonnerie. *Sources :* D. R. ; — *l'Etat, c'est nous ;* — *La Congrégation du Grand-Orient ;* — *la Franc-maçonnerie, voilà l'ennemi.*

Le devoir présent de la jeunesse catholique. *Sources : Imbert de la Tour* ; — Sangnier : *L'éducation sociale du peuple.*

L'action sociale des jeunes. *Sources* : *Annuaire almanach de l'action populaire*, p. 225.

Le mouvement social catholique. *Sources* : *Ann.-Almn.* A. P. ; — de Clercq : *Les Doctrines sociales cath.* ; — Léon Grégoire : *le Pape, les cath. et la question sociale.*

L'Encyclique Rerum-Novarum.

Le Volksverein. *Source* : A. P. ; — Max Turmann.

Faut-il une religion? *Sources* : S. R. ; — *Objections* de l'abbé Garnier.

Pourquoi faut-il croire en Dieu?

La science et la religion.

Le miracle.

L'Eglise et le travail manuel.

Jeanne d'Arc. *Sources* : Marius Sepet ; S. R.

Le protestantisme. *Sources* : *Diverses brochures.* S. R.

La Saint-Barthélémy. *Sources* : S. R.

La révocation de l'Edit de Nantes. *Id* ;

Les congrégations religieuses en France. *Sources* D. R. ; S. R ; *Histoire et légende de la congrégation* ; — *la Persécution depuis 15 ans.*

Le globe terrestre. *Sources* : S. R.

2° Sujets de conférences pour Cercles d'Etudes Ville.

Votre ville *son histoire, sa situation géographique, économique et commerciale.*

Votre église *description, historique, souvenirs qui s'y rattachent.*

Les confréries, les sociétés dans votre ville *(religieuses, indifférentes, hostiles.)*

L'industrie locale.

Les métiers (1).

Mutualités. *Sources* : A. P. ; B. ; — *Annu.-alm.* A. P.

Mutualités scolaires.

Les anciennes corporations. *Sources* : Martin St.-Léon.

Syndicats. *Sources* : *Annuaire-almanach de l'Action populaire* ;— S. R. ; — *le régime corporatif et l'organisation du travail* ;

Les Trade-Unions anglaises.

Coopératives de production. *Sources* : *Annuaire almanach* ; A. B. ; E. S. ; — Hubert Valleroux.

Coopératives de consommation. *Sources* : S. Lecoq ; — *Ann.-alm.* ; A. P. ; P. S. ; — *le Vornit de Gand* ; E. S. ; — Hubert-Valleroux ; E. : — *l'Union ouvrière de Tarbes.*

Habitations ouvrières. *Sources* : E. Cheysson ; — G. Picot, etc.

Jardins ouvriers. *Sources* : Abbé Fontan, E.

Ecoles ménagères.

La loi de 1898 et les accidents du travail. *Sources* : *Réglement du trav. dans l'industrie* ; — *Rapports aux Congrès.*

Le bien de famille. *Sources* : Abbé Lemire, *Le Bien de famille* ; Dr Lancry, *le Terrianisme.*

Le socialisme. *Sources* ; S. ; — *diverses brochures* P. S. ; — D. R. ; A. P. : *Meneurs socialistes* ; etc ; — *La doctrine socialiste* d'Ed. Maisonabe.

Le Salaire. *Sources* : *Que faut-il faire pour le peuple*, par l'abbé Millot, chap. 8 ; — Manuel du chan. Dehon, p. 23 ; — catéch. du *Sillon*, p. 72 ; — Béchaux : *Revendications ouvrières*, p. 82.

La participation aux bénéfices. *Sources* : Gibon.

Les grèves. *Sources* : P. S. : grèves, arbitrages et syndicats ; E. S ;

Conciliation et arbitrage. *Sources* : Weiber : Conseils de Concil. et d'arb.

Assurances et retraites ouvrières. *Sources* : de St-Aubert : *L'Assurance ouvrière* ; — A. Boissard, *Les Retraites ouvrières* ; — E. Cheysson, *De l'imprévu dans les sociétés de prévoyance.*

(1) Chaque membre d'un Cercle de jeunes ouvriers peut exposer son métier à ses camarades.

La petite industrie contemporaine. *Sources* : E. S. ; V. Brants ; A. P., de Clercq.

Le repos du dimanche. *Sources* : P. B. ; — Mgr Turinaz : *Trois fleaux de la classe ouvrière.*

L'alcoolisme. *Source* : Mgr. Turinaz : *Trois fléaux de la classe ouvrière.*

L'influence du consommateur sur le salaire. *Sources* : Emm. Rivière, *Ligue sociale d'acheteurs.*

La dépopulation. *Sources* : B. P.

La liberté d'enseignement. *Sources* : P. S. ; S. R. ; S.

La Franc-maçonnerie. *Sources* : D. R. ; — *l'Etat c'est nous ! — la Congrégation du Grand-Orient ; — la Franc-maçonnerie, voilà l'ennemi.*

Le devoir présent de la jeunesse catholique. *Sources* : Imbert de la Tour ; — Sangnier : *l'Education sociale du peuple.*

L'Action sociale des Jeunes. *Sources* : *Annu.-alman.* de l'A. P.

Le mouvement social catholique. *Sources* : *Ann.-alm.* A. P. ; — de Clercq, *Les Doctrines sociales catholiques* ; — Léon Grégoire, *Le Pape, les catholiques, et la question sociale.*

L'Encyclique Rerum Novarum.

Le Volksverein. *Sources* : A. P., Max Turmann.

Une paroisse ouvrière organisée. *Sources* : Abbé Cetty, A. P., *Vingt-quatre heures à Mulhouse.*

Faut-il une religion ? *Sources* : S. R.. — *Objections* de l'abbé Garnier.

Pourquoi faut-il croire en Dieu ?

La Science et la Religion.

Le Miracle.

L'Eglise et le Travail manuel.

Le protestantisme. *Sources* : *Diverses brochures*, S. R.

La St.-Barthélémy. *Source* : S. R.

La révocation de l'Edit de Nantes. Id.

Les Congrégations religieuses en France. *Sources* : D. R. ; S. R. *Histoire et légende de la Congrégation ; — la Persécution depuis 15 ans.*

La mainmorte. *Source* : S.
Rapports de l'Eglise et de l'Etat. *Sources* : S.
La Commune de Paris. *Sources* B.
Le budget national. *Sources* : D. R.
Le globe terrestre. *Sources* : S. R.
Le Play et sa méthode. *Sources* : P. S.; E. Cheysson.

G. — Bibliographie (1)

I. Revues.

Revue de la Jeunesse Catholique, revue de l'Association catholique de la Jeunesse Française ; mensuelle. Paris, 76, Rue des St-Pères, 8 fr. par an.

Le Sillon, organe spécial des Cercles d'Etudes ; bimensuel, 34, Bd. Raspail, prix pour les Cercles d'Etudes, 5 fr. par an.

Echo des œuvres sociales du Sud-Ouest, revue régionale de la Jeunesse catholique ; mensuel, 41, Rue des Grands-Fossés, Tarbes, 2 fr. par an.

Chronique du Sud-Est. Mensuelle, 10, quai Tilsitt, Lyon, 4 fr. par an.

Le Labeur, revue des œuvres de la paroisse du Sacré-Cœur de Rodez ; publié par le Cercle d'Etudes sociales du Sacré-Cœur ; mensuel 33 bis, Rue St-Cyrice, Rodez, 3 fr. par an.

Ces cinq revues s'adressent aux jeunes et sont faites surtout pour les Cercles d'Etudes ;

Les Conseillers de Cercles d'Etudes voulant étudier plus à fond les questions sociales liront en outre avec fruit les deux grandes Revues suivantes :

Association catholique. C'est la grande Revue sociale catholique

(1) On pourra se procurer les ouvrages et revues annoncées dans cette bibliographie, au prix indiqué chez M. *Henri Célié, librairie, rue d'Armagnac, Rodez,* port en sus.

fondée sous l'inspiration de M. de Mun : mensuelle, Paris, Rondelet 18 fr. par an.

Réforme sociale. Revue de la Société d'Economie Sociale et des Unions de la Paix sociale, fondée par Le Play ; bimensuelle, 54, rue de Seine, 20 fr. par an, et, pour les membres des Unions de la Paix sociale 15 fr. par an.

II. Ouvrages de fond, indispensables à tout Cercle d'Etudes.

(1) *Un au moins des deux ouvrages suivants :*

' **Catéchisme d'économie sociale** *du Sillon*, excellent pour acquérir des idées nettes sur les principes sociaux, 2 fr. 75.

" **Manuel social du chanoine Dehon** moins complet au point de vue des idées, mais contient des indications plus immédiatement pratiques, et plus à la portée de tous. B. P. 1 fr. 50.

2° " **Annuaire Almanach de l'Action populaire** très bien fait, véritable encyclopédie des diverses œuvres d'action sociale, Vitte, Paris, 1 fr. 60.

3° " **Encyclique Rerum Novarum.** Bonne presse 0 fr. 05.

III. Séries de brochures et publications

A. — Tracts et publications de l'A. C. J. F.

Le Tract sur l'Association. petite notice de 16 pages, un exemplaire est envoyé gratuitement aux groupes qui en font la demande ; — 76, Rue des St. Pères, Paris, le cent : 1 fr. ; port en sus.

Divers Tracts sur l'organisation et le fonctionnement des groupes. — Le cent : 1 fr. 20, port en sus.

' Ouvrages recommandés.

" Ouvrages plus spécialement recommandés.

" **Le manuel de l'association** renseignements détaillés sur l'organisation de l'A. C. J. F. — Prix : 0 fr. 75, port en sus.

L'annuaire de l'Association contenant la liste des groupes et l'adresse des présidents, aumôniers et correspondants. Il n'est adressé qu'aux aumôniers et présidents des groupes affiliés sur demande. Prix 1 franc franco.

' **L'A. C. J. F. — Son orientation sociale.** — Brochure de 16 pages par G. Piot du Comité général. — Prix : 0 fr. 10 franco 0 fr. 15.

Les œuvres au collège par M. l'abbé Lemoigne — 0 fr. 50 ; franco 0 fr. 60.

Compte-rendu du Congrès de Chalons-sur-Saône sur les syndicats (mai 1903) 0 fr. 75 ; franco 0 fr. 90.

' **La question syndicale au Congrès de Châlons** brochure de 115 pages contenant les rapports du Congrès ; édition de propagande 0 fr. 50.

La lettre de M. de Mun aux congressistes de Châlons 0 fr. 50.

Discours de M. Piou au Congrès de Châlons 0 fr. 25.

Almanach de l'A. C. J. F. ; 0 fr. 50.

B — Tracts et publications du Sillon

31, boulevard Raspail Paris.

" **Série de 11 Tracts**, pouvant former des canevas de conférences sur l'Eglise et l'individu, la mainmorte, la liberté d'enseignement, l'alcoolisme, le mouvement syndical, l'avenir du socialisme, etc. l'ensemble 0 fr. 60.

" **L'avenir de la Démocratie**, par Marc Sangnier 0 fr. 20.

" **L'action coopérative**, par Marcel Lecoq, 0 fr. 20

" **Les rapports de l'Eglise et de l'Etat**, par M. Chénon 0 fr. 15.

" **Qu'est ce que le Sillon**, par Jean Desgranges, 0 fr. 15.

' **Almanach du Sillon** pour 1904, 0 fr. 50.

C. — Bibliothèque de la Paix sociale

Publications de la Société d'Economie Sociale et du Comité de Défense et de Progrès social, 54, rue de Seine, Paris.

1° **Conférences.** Brochures in-18 à 0 fr. 05.

Pourquoi nous ne sommes pas socialistes. — Le Rôle et le devoir du capital. — Notre responsabilité devant le mal social. — L'Agriculture et le socialisme. — La Liberté d'association. — Le Rôle social de la Colonisation. — Le Vooruit de Gand. — La Criminalité de la Jeunesse. — Les finances françaises. — L'assurance au point de vue social. — Les ennemis de notre progrès économique. — Le socialisme électoral. — La liberté d'enseignement. — La liberté du travail et l'arbitrage obligatoire. — Grèves, arbitrages et syndicats. — Le travail de la femme à Lyon. — La liberté de la charité. — La Femme et le Divorce. — La mutualité familiale, etc.

2° **Tracts** à 2 fr. le 100, assortis.

La Propriété. — Histoire d'une casquette. — La nationalisation du sol. — Le plus coûteux des gouvernements. — Mes griefs contre le socialisme. — Le budget de l'Etat collectiviste. — A l'école de la coopération et à l'école du socialisme. — Les confessions d'un socialiste désabusé. — En grève. — L'éducation du suffrage universel. — La loi 1901 et l'Association ordinaire. — etc.

3° **Brochures** à 0 fr. 10.

Le Play et la science sociale. — Les conditions de la réforme en France après cent ans d'erreurs et de Révolutions. — Pourquoi la criminalité baisse en France et monte en Angleterre. — etc.

D. — Brochures et publications diverses.

" **L'action sociale des jeunes** par Veuillot ; série de l'A. P. :

1° *L'Association Catholique de la Jeunesse Française*, 1 volume : 0 fr. 25.

2° *Le Sillon* ; un volume 0 fr. 25.

" **La Jeunesse catholique et la Société moderne.** Compte-rendu du Congrès d'Albi (28 et 29 novembre 1903) donnant in-extenso tous les Discours et Rapports. Albi, Imprimerie coopérative du S. O. ; Prix 2 fr.

' **Œuvres sociales** par le chanoine Combes ; Carcassonne, Imprimerie Bonnafous.

' **Petit manuel des patronages ruraux** par M. l'abbé Lecomte, recommandé par la commission des Patronages, Prix : 0 fr. 70.

' **Manuel des patronages de Ville** de la Société de St-Vincent-de-Paul, 0 fr. 55.

" **Au sortir de l'école** par Max Turman, Paris, Lecoffre : 3 fr. 50.

· **L'éducation populaire en 1900** par Max Turmann, id.

' **Le Patronage** revue des œuvres de Jeunesse et son supplément bi-mensuel « *les Jeunes* », 7, rue Coëtlogon, Paris : 5 fr. par an.

" **Les Conférences** paraissant les 1er et 15 de chaque mois donnant des sujets de conférences, — des canevas avec indications des sources, — des conférences accompagnées de vues pour projections — abonnement 3 fr. par an ; B. P. 5, rue Bayard.

Le Fascinateur revue technique des projections et des récréations instructives : B. P. *Les Conférences et le Fascinateur* réunis : 4 fr. par an.

" **Les Questions actuelles** donnant toutes les semaines les documents essentiels méritant d'être conservés et utilement consultés plus tard. Ephéméride et sommaire des principales Revues. B. P. 6 fr. par an.

" **Programme d'Etudes pour groupes ruraux,** par l'abbé Quillet ; à la Chronique du S. E. 10 quai Tilsitt, 0 fr. 75.

IV. Ouvrages recommandés.

A. — Enseignement agricole.

' **Manuel d'Agriculture** par M. de Barrau ; Rodez, Carrère.

" **Les Associations agricoles en Belgique** par Max Turmann ; Paris, Lecoffre, 3 fr. 50.

L'agriculture à l'Ecole primaire, manuel des Frères de Ploërmel, 1 fr.

' **Le petit vigneron Aveyronnais,** par l'abbé Lafon ; Rodez, Imprimerie catholique.

La reconstitution des vignes par le plant américain, par l'abbé Fontan. E.

' **Série des publications agricoles de la Bonne Presse :** *1° à 0 fr. 05.* — L'ensilage des fourrages verts et l'ensilage des racines. — La culture aux engrais chimiques. — Culture de la Pomme de terre. — La vendange et la vinification. — De la fabrication du cidre par lixiviation. — Causerie sur les abeilles. — *2° à 0 fr. 40.* — Manuel populaire d'élevage, d'hygiène et d'engraissement des animaux domestiques et de basse-cour. — Le Vin. — Note pratique sur la culture de la vigne. — Prairies, fourrages, racines fourragères, alimentation du bétail. — *3° à 1 fr.* : Calendrier agricole pour chaque mois. — Plantes de Serre. — Manuel de médecine vétérinaire. — Les animaux de la ferme.

' **Le laboureur,** revue agricole trimestrielle ; 3 fr. par an ; chaque volume paru depuis 1877, 3 fr.

Leçons d'agriculture et d'horticulture, par les Frères des écoles chrétiennes ; Paris, Poussielgue, 2 fr.

Manuel d'agriculture ou de viticulture, par les Petits Frères de Marie ; Lyon, Vitte 1 fr. 25.

Cours complet de chimie agricole, par l'abbé Solanet, directeur au Grand-Séminaire de Mende ; Mende, Pensier.

Notions de sciences physiques et chimiques appliquées à l'agriculture, par R. Leblanc ; Paris, André fils, 15, rue Séguier, 1 fr. 25.

Brochures de l'abbé Ouvray, curé de St.-Ouen par Vendôme (Loir-et-Cher).

Guide élémentaire pour l'emploi des engrais, par Fagot et Flévet, à Charleville, (Ardennes), 1 fr.

Les engrais chimiques, 3 vol. ; — *le lait*, 1 vol. : — *sylviculture*, 1 vol. ; etc. ; collection Muntz, librairie agricole, 26, rue Jacob, Paris.

La laiterie, par Pourriau ; Paris, Lebroc, 8, rue Garancière, 4 fr.

La volaille à la ferme, par le Vte. de St.-Pol, à la ferme de Pezy, par Voves (Eure-et-Loir).

Manuel pratique de culture fourragère, par Denaiffe ; Carignan (Ardennes), 3 fr.

Le bétail, par Troncet et Tainturier ; Paris, Larousse. (1)

B. Enseignement professionnel.

Manuel Roret, 12, rue Hautefeuille, Paris :

Manuel du boulanger 4 fr. ; — du bourrelier, 3 fr. ; — du charcutier, boucher, équarisseur 2 fr. 50 ; — du charpentier, 8 fr. : — du charron-forgeron, 3 fr. 50 ; — du fermier, 2 fr. 50 — de laiterie, 3 fr. ; — du maçon, 3 fr. 50 ; — du menuisier en bâtiments, 6 fr. ; — du plombier, 4 fr. ; — du serrurier, 5 fr. ; — du tanneur, 6 fr. ; — du tonnelier, 3 fr. ; — du vigneron, 3 fr. 50 ; — etc. etc.

C. — Questions sociales.

1° GÉNÉRALITÉS.

" **Que faut-il faire pour le peuple ?** *Esquisse d'un programme d'études sociales,* par l'abbé Millot. Ouvrage de fond, conseillé à tous les Cercles d'Etudes ; Paris, Lecoffre, 4 fr.

' **Le Pape, les catholiques et la question sociale** par Léon Grégoire ; Paris Perrin.

' **Le développement du catholicisme social** par Max Turmann.

' **Le catholicisme social depuis l'Encyclique Rerum Novarum,** par Max Turmann ; Paris, Alcan, 6 fr.

'**Autour du catholicisme social,** par Goyau ; 3 fr. 50.

Contribution à l'étude du mouvement social chrétien au dix-neuvième siècle, par P. Monicat ; Paris, Rondelet. 5 fr.

(1) Voir le catalogue de la Librairie agricole de la maison Rustique, 26, rue Jacob, Paris ; — le catalogue agricole de la Bonne Presse ; — le catalogue de la Chronique du Sud-Est.

Les doctrines sociales catholiques, par V. de Clercq ; (S. R.) 0 fr. 60.

" **Catéchisme social du chanoine Dehon ;** 2 fr. 50.

" **Le prix de la vie,** par Ollé-Laprune ; 4 fr.

La vitalité chrétienne, par Ollé-Laprune ; Paris, Perrin.

' **Manuel d'Economie sociale,** par Jules Michel ; (P. S.) 2 fr.

' **Traité élémentaire d'Economie politique,** par Hervé Bazin ; Paris, Lecoffre, 4 fr.

' **Les revendications ouvrières,** par A. Béchaux ; Paris, Rousseau ou Guillaumin, 3 fr. 50.

' **Ou est le bonheur du Peuple,** par Lachaud ; 1 fr. 50.

Après le travail, (Lectures populaires illustrées d'Economie sociale), 2 séries ; chacune, 1 fr. 50.

Pour lire en famille, 1re série, 1 fr.

L'ouvrier libre, par E. Keller ; Paris, Lecoffre, 0 fr. 80.

' **L'éducation sociale du Peuple,** par Marc Sangnier ; (S.) 0 fr. 80.

' **Méthode d'éducation populaire,** par Marc Sangnier , (S.) 0 fr. 35.

" **Le mouvement syndical et les catholiques sociaux ,** par H. Bazire ; Lyon, Vitte, 1 fr.

Le programme du jeune apôtre, par l'abbé Mary ; Lyon, Paquet, 0 fr. 10.

Du devoir de la jeunesse chrétienne, par M. Imbert de la Tour ; Marseille, imprimerie marseillaise, 0 fr. 50.

Notion chrétienne de la démocratie, par Toniolo, 0 fr. 50.

Lettre pastorale sur la question ouvrière, par Mgr. Doutreloux.

Œuvres choisies de Mgr. Ketteler, par Decurtins ; 1 fr. 50.

' **Ketteler et l'organisation sociale en Allemagne,** par Kannengieser ; Paris, Lethielleux, 3 fr. 50.

' **Le Volksverein,** par Max Turmann ; (A. P.) 0 fr. 25.

Le Cardinal Manning et son action sociale, par l'abbé Lemire ; Paris, Lecoffre, 2 fr. 50.

La législation et les œuvres en Belgique, par le P. Vermeersch, Louvain, Uystpruyst.

' **Fréd. Le Play, l'homme, la méthode, la doctrine,** par E. Cheysson ; (P. S.) 0 fr. 50.

' **La situation économique comparée de la France et de l'étranger,** par G. Blondel 0 fr. 50.

Aux conseillers de Cercles d'Etudes voulant étudier sérieusement la science sociale, nous ne saurions trop recommander les ouvrages suivants :

" **La réforme sociale par Le Play.**

(Cet ouvrage devrait être le livre de chevet de quiconque veut étudier les conditions de la prospérité matérielle et morale des peuples et les principes de *sa méthode d'observation,* ne sauraient être trop médités). (P. S.) 3 vol. : ensemble, 6 fr.

" **Cours d'économie sociale du P. Antoine.** Paris, Guillaumin.

' **Principes d'Economie politique du P. Liberatore.** Paris, Oudin.

' **Elément d'économie politique,** de Joseph Rambaud ; Paris, Larose.

(Au point de vue juridique, les deux ouvrages suivants sont une véritable mine de documents utiles, mais ils s'adressent aux sociologues et non aux Cercles d'Etudes) ;

Traité élémentaire de législation industrielle, par Paul Pic ; Paris, Rousseau, 3 vol. 12 fr. 50.

Code rural de Watrin, texte et commentaire du droit usuel 12 fr.

2° SOCIALISME.

' **La doctrine socialiste,** par E. Maisonabe ; Paris, Poussielgue, 2 fr. 50.

' **Le socialisme contemporain,** par l'abbé Winterer ; Paris, Lecoffre, 3 fr. 50.

' **Le monde socialiste,** par de Seilhac ; Paris, Colin, 1 fr.

' **Meneurs socialistes,** par Vivienne ; (A. P.) 0 fr. 25.

La Belgique républicaine ou les socialistes au pouvoir, par Marbaix ; (B.) 0 fr. 50.

Conférence sur la commune de Paris et le socialisme belge, par Marbaix, (B.) 0 fr. 50.

Le socialisme contemporain et la propriété, par G. Ardant, (S. R.) 0 fr. 60.

3° GRÈVES.

Les grèves, par de Seilhac, (un peu trop optimiste sur les résultats des grèves, mais contient d'intéressants documents); (E. S.) 2 fr.

Le contrat entre patrons et ouvriers et les grèves, par le P. Lehmkuhl; Lyon, Vitte, 1 fr. 40.

Le droit de grève, par Enée Bouloc, (thèse intéressante contre le droit de grève, — Guillaumin, 2 fr.

Les grèves agricoles, par Enée Bouloc; Loup, Rodez.

4° SYNDICATS.

" **Les anciennes corporations de métiers et les syndicats professionnels,** par Martin-Saint-Léon; Paris, Guillaumin.

Associations et syndicats, par de Seilhac; (A. P.) 0 fr. 25.

" **Syndicats ouvriers, fédérations et Bourses de Travail,** par de Seilhac; Paris, Colin.

' **Le régime corporatif et l'organisation du travail**; (S. R.) 2 vol.

" **Le trade-unionisme en Angleterre,** par de Rousiers (très intéressant; les deux premiers chapitres, surtout le 2°, où sont examinées les causes de succès des trades-unions anglaises sont des plus utiles à étudier). Paris, Colin, 4 fr.

Associations ouvrières et associations patronales, par Hubert-Valleroux (P. S.).

Des Syndicats professionnels ouvriers, par G. Malherbe (B.).

Cartels et Trusts, par Martin-Saint-Léon (E. S.), 2 fr.

5° COOPÉRATIVES.

" **La coopération**, par Hubert Valleroux (E. S.) 2 fr.

La Coopération, par Ch. Gide.

Le Coopératisme, par Bancel.

' **Les coopératives de consommation**, par l'abbé Eschoffen chez M. l'abbé Six, à Haubourdin, Nord, 0 fr. 50.

L'illusion coopérative, *renseignements sur ce qui mène les coopérations à leur parti*; Lens Delarnelle.

Guide pour l'organisation et l'administration des sociétés coopératives de consommation, par Clavel et Soria (même adresse) 2 fr. 25.

Les cinq raisons d'être coopérateur, par de Bayre (même adresse) les 100 exemplaires, 1 fr.

Almanach de la coopération Française, (même adresse), 0 fr. 50.

Les associations coopératives en Allemagne, par M. Dufourmantelle, (au Musée social, 5 rue Las-Cazes Paris), 1 fr.

' **L'union ouvrière de Tarbes**, (soc. coop. de consom.) par l'abbé Lafforgue, 0 fr. 25.

(Les Sociétés coopératives de consommation doivent s'affilier au comité central des Sociétés coopératives de consommation, 1, rue Christine, Paris; — les Soc. coopér. de prod., à la Chambre consultative des associations ouvrières de prod., 98, boulevard Sébastopol, Paris).

6° MUTUALITÉS.

" **La Mutualité**, par Martin Saint-Léon et Dedé (A. P.) 2 broch. 0 fr. 50.

" **Les Principes fondamentaux de la mutualité**, par Malherbe (B) 0 fr. 50.

' **Les Sociétés de secours mutuel**, par Barberet; Paris, Berger-Levrault, 6 fr.

Le Bon Cultivateur, numéros des 20 et 27 juin 1903, p. 214 et suivantes (rapport très complet sur les sociétés de secours mutuels; exemples, statuts, renseignements légaux, 15, rue Chanzy, Paris.

La mutualité nouvelle, numéros des 1er et 15 février 1903, renfermant le « guide pratique du mutualiste » par M. Félix Raison. (Canevas de conférence sur les soc. de sec. mut.) 14, rue Soufflot, Paris.

La législation complète des sociétés de secours mutuels. (Loi du 1er avril 1898, etc, statuts modèles). Paris, Roustan, 2 fr. 50.

L'émulation chrétienne de Rouen. — Une société de secours mutuel de province, Paris, Guillaumin.

Les caisses de famille et les sociétés de secours mutuel, par l'abbé Rret (imprimerie des orphelins apprentis, 40, rue Lafontaine,) Paris, 1 fr. 75.

Les mutualités familiales, par Malherbe, (B). 0 fr. 50.

Les mutualités pour les enfants, par Malherbe et Fouret, (B.) 0 fr. 50.

' **La mutualité scolaire. (Compte-rendu du Congrès des mutualités scolaires en 1903),** par Hua (E). 0 fr. 75.

'' **Manuel pratique de la mutualité scolaire,** (à l'usage des fondateurs et administrateurs, avec statuts-modèles pour sociétés libres et approuvées) à la chronique du Sud-Est, 10, quai Tilsit, Lyon, 0 fr. 60, — avec échantillons de registres, carnets, circulaires, 1 fr.

' **La mutualité scolaire et populaire,** par Albert Dupin, Libr. Colin, 5, rue Mézières, 0 fr. 25.

L'Echo des Œuvres sociales du Sud-Ouest. et la Chronique du Sud-Est, 10, quai Tilsitt, Lyon, donnent tous renseignements sur les mutualités

7° HABITATIONS OUVRIÈRES.

Les habitations à bon marché, par Challamel.

Les habitations à bon marché, conférence de G. Picot.

Les habitations ouvrières en France et à l'étranger, conférence de Siegfried.

L'hygiène sociale et l'assainissement de la maison, par E. Cheysson.

L'assurance sur la vie et les habitations à bon marché, par E. Cheysson.

Documents à consulter (modèles et renseignements divers) pour la fondation d'une Soc. d'habit. à bon marché.

On peut se procurer toutes ces brochures à la Soc. française des habitations à bon marché, 4, rue Lavoisier, Paris, qui donne en outre tous les renseignements nécessaires.

Bulletin de la Ligue du coin de terre et du foyer, numéros de déc. 1897, nov. 1898 août et sept. 1903 : 28, rue Lhomond, Paris. (Prix du numéro ; 0 fr. 60).

8° INSTITUTIONS RURALES. — GÉNÉRALITÉS.

Institutions populaires agricoles, (B. P.), 0 fr. 10.

La crise agricole, par l'abbé Quillet, (aux bureaux de la Chronique du Sud-Est, 10, quai Tilsitt, Lyon, 0 fr. 35.

" **Les associations agricoles en Belgique,** par Max Turmann ; Paris, Lecoffre, 3 fr. 50.

Questions rurales, par F. Monestier ; Paris, Rondelet, 3 fr. 50.

La propriété paysanne, par A. Souchon ; Paris, Alcan ou Larose.

Syndicats agricoles ou caisses rurales, par M. Malou ; (B). 0 fr. 50.

Le Musée social, 5, rue de Las-Cazes, Paris — l'Union Centrale des Syndicats agricoles, 8, rue d'Athènes, Paris — l'Echo des Œuvres sociales du Sud-Ouest — et la Chronique du Sud-Est, donnent tous renseignements, modèles de statuts, etc., pour les divers genres d'associations agricoles.

9° SYNDICATS ET COOPÉRATIVES AGRICOLES.

" **Le syndicat agricole**, par de Gailhard-Bancel ; (A. P.) 0 fr. 25.

" **Manuel pratique des syndicats agricoles**, par de Gailhard-Bancel ; (B.-P.) 0 fr. 25.

' **Les syndicats agricoles et leur œuvre**, par de Rocquigny ; Paris, Colin, 4 fr.

Le syndicat agricole de la Champagne, par Renault ; (A. P.) 0 fr. 25.

Almanach de l'Union du Sud-Est et des syndicats agricoles, (aux bureaux de l'Union, 8, place de la Miséricorde, Lyon), 0 fr. 50.

' **Un curé et ses œuvres rurales**, par l'abbé Mozelin ; (A. P.) 0 fr. 25.

Les syndicats agricoles, par G. Malherbe ; (B.), 1 fr.

Précis d'économie rurale, par G. Malherbe ; (B.), 1 fr.

Monographie du syndicat agricole de Willaupuis, par Malherbe ; (B).

Monographie du syndicat agricole régional de Flobecq, par Malherbe, (B.), 1 fr.

Syndicat de vente et d'exportation, par Trigaut ; (B). 2 fr.

Les laiteries coopératives, par Trigaut ; (B). 2 fr.

Les fromageries coopératives, par Malherbe et Schreiber ; (B). 2 fr.

Syndicats pour l'exploitation collectives de machines agricoles, par Trigaut et Miserez ; (B). 2 fr.

Les machines agricoles à la portée de tous, par l'abbé Fontan, (B). 0 fr. 45.

Syndicats de battage, par Malherbe et Miserez ; (B). 1 fr.

10° CAISSES RURALES.

" **Une caisse rurale**, par le Vte de Bizemont ; (A. P.) 0 fr. 25.

" **Manuel pratique des caisses rurales**, par L. Durand ; (B. P.) 1 fr.

' **Le crédit agricole par l'Association coopérative**, par Raynerie; Paris, Guillaumin, 1 fr.

' **Les caisses rurales et la petite propriété**, par l'abbé Lemire : 26, rue Lhomond, Paris, 0 fr. 50.

Les principes fondamentaux du Raiffeisenisme, par Malherbe ; (B).

Les Caisses Raiffeisen, en Belgique et à l'étranger, par Trigaut, (B.)

Les Banques populaires agricoles, par Malherbe (B), 1 fr.

La Caisse rurale, Conférence par l'abbé. Noël, (orphelinat St-Joseph) ; quai de l'Est, 70 Calais, 0 fr. 15.

(On trouve à l'Union des Caisses rurales, 97, Avenue de Saxe à Lyon, des statuts préparés, les registres et en général tout ce qui est nécessaire au fonctionnement d'une caisse Rurale.)

11° ASSURANCES MUTUELLES CONTRE LA MORTALITÉ DU BÉTAIL.

" **L'Assurance du bétail par la Mutualité**, par l'abbé François ; A. P., 0 fr. 25.

' **L'Assurance mutuelle du bétail**, par de Rocquigny ; Paris, Rousseau.

' **Les Caisses d'Assurance Mutuelle contre la mortalité du bétail**, (B. P.), 0 fr. 20.

L'Assurance du bétail bovin, par O. Bouzin, *(B.)*, 1 fr.

L'Assurance et la Réassurance du bétail, par Malherbe et Schreiber; *(B.)*, 1 fr.

12° DIVERS.

' **Lettres d'un curé de Campagne,** par Yves Le Querdec, *(bien que s'adressant plus spécialement au clergé et ne pouvant guère aider directement aux travaux des Cercles d'Eudes, ce livre a sa place marquée dans toute bibliothèque d'Œuvres Sociales)*; Paris, Lecoffre, 3 fr. 50.

L'apostolat paroissial, par le P. Bouchage; Paris, Beauchesne.

' **Une paroisse ouvrière organisée,** par l'abbé Cetty; Lyon, Chronique du Sud-Est, 1 fr. 15.

' **Vingt-quatre heures à Mulhouse,** par P. de Breuil; (A. P.), 0 f. 25.

' **Apostolat Social — Œuvres de Plaisance,** par F. Veuillot; Paris, Lecoffre, 0 fr. 50.

' **Les Cercles d'Etudes,** par Malherbe; *(B.)*, 0 fr. 50.

Conférenciers Populaires, par Charpentier; *(A. P.)*, 0 fr. 25.

Les Écoles de Conférenciers Populaires, par P. Paret; (B.), 0 f 50.

" **Le Conférencier Agricole,** par l'abbé Mazelin; (A. P.), 2 broch. 0 fr. 50.

' **Le repos dominical,** par A. Morel; (B. P.), 0 fr. 50.

" **Trois fléaux de la classe ouvrière** *(Alcoolisme, Travail du dimanche, Mauvaise tenue des ménages)*, par Mgr Turinaz; 0 fr. 60.

L'homme et la terre cultivée, par Jean Brunhes; Paris, Oudin.

Alcoolisme et Epargne, par A. Coste; (P. S.). 0 fr. 60.

Alcoolisme et Décadence, par l'abbé Ract; Paris, Poussielgue, 3 fr. 50:

L'Alcoolisme et ses remèdes, par Vanlaer; Paris, Colin, 2 fr.

La dépopulation de la France, par D. Couturier; *(B. P.)*, 0 fr. 50.

L'émigration rurale, par Mgr Turinaz, Paris, Rondelet, 0 fr. 50.

La Population, par Des Cilleuls; *(E. S.)*, 2 fr.

Mendiants et vagabonds, par Louis Rivière; *(E. S.)*, 2 fr.

L'organisation professionnelle de la petite bourgeoisie en Belgique, par V. de Clercq ; *(A. P.)*, 0 fr. 25.

L'employé, par J. Duffray ; *(A. L.)*, 0 fr. 25.

La petite industrie contemporaine, par V. Brants ; *(E. S.)*, 2 fr.

Salaires et Misères de femmes, par le Cte d'Haussonville ; Paris, Calmann-Lévy, 3 fr. 50.

Le Fil et l'Aiguille, par S. du Lac ; 0 fr. 25.

" **L'influence du consommateur sur le salaire,** par Emm. Rivière ; Grande Imprimerie de Blois.

Vingt ans de vie sociale, par le même ; Id.

Ligue sociale d'acheteurs, 28, rue Serpente ; Paris, Tracts et publications diverses.

Le bien de famille, par l'abbé Lemire ; 26, rue Lhomond, Paris, 0 fr. 50.

Le terrianisme, par le Dr Lancry ;

Les Jardins Ouvriers, par L. Rivière, Lyon ; Vitte, 1 fr. 25.

Les Jardins Ouvriers, par H. Fontan ; (E.), 0 fr. 40.

Les Jardins Ouvriers, par J. B. Piolet ; (A. P.), 0 fr. 25.

L'enseignement ménager, par la Comtesse de Diesbach.

L'Enseignement ménager, par l'abbé Quillet ; (A. P.), 0 fr. 25.

L'Education ménagère, par l'abbé Lemire ; 26, rue Lhomond, Paris, 0 fr. 50.

L'Enseignement professionnel, par J. Trigant ; (B.), 0 fr. 50.

La participation aux bénéfices, par A. Gibon ; (P. S.), 3 fr.

Les Conseils de Conciliation et d'arbitrage, Lyon, Vitte, 0 fr. 50.

Un conseil d'usine, par Emm. Rivière ; Grande Imprimerie de Blois.

Arbitrage et conciliation entre patrons et ouvriers, par Justin Weller; Paris, Guillaumin, 0 fr. 10.

La verrerie ouvrière d'Albi, Paris, Rousseau, 2 fr.

L'organisation de l'Assurance ouvrière, par de St.-Aubert; 1 fr.

La question des Retraites ouvrières, par A. Boissard; 1 fr.

Les Caisses de retraite, par Voron; Union du Sud-Est des syndicats agricoles, 8, place de la Miséricorde, Lyon.

L'intervention de l'Etat, par E. Cheysson.

' **De l'imprévoyance dans les sociétés de prévoyance,** par E. Cheysson.

Règlementation du travail dans l'industrie, (textes de lois, décrets, arrêtés), Paris, Berger-Levrault, 1 fr.

Rapports aux Congrès internat. des accidents, par le Dir. de l'assurance et de la prévoyance sociales au Ministère de Commerce, 0 fr. 60.

De l'organisation du suffrage universel, par Ch. Benoist; Paris Didot.

La représentation proportionnelle, par F. Albert; (E.), 0 fr. 25.

Le petit guide militaire pratique, (renseignements complets pour conscrits, réservistes territoriaux); 1 fr. 80.

" **Notice et programmes pour les groupes d'Etudes;** Lyon, chronique du Sud-Est, 0 fr. 75.

" **Programme d'Etudes pour groupes ruraux,** par l'abbé Quillet; Lyon, Chronique du Sud-Est, 0 fr. 65.

13e QUESTIONS HISTORIQUES, PHILOSOPHIQUES ET RELIGIEUSES

Les Saints Evangiles, avec notes pour la réfutation des erreurs du protestantisme ; Paris, Garnier, 1 fr. 75.

' **Catéchisme de Léon XIII,** par le P. Cerceau; Paris, Vitte, 7 fr. 50.

' **Objections,** de l'abbé Garnier.

' **Réponses,** de Mgr. de Segur.

' **Ténèbres et lumière** ; Paris, Castermann, 66 rue Bonaparte.

' **Causeries du dimanche,** 2 numéros tous les 15 jours, (B. P.) ; abonnement d'un an 3 fr. le numéro 0 fr. 05.

Extrait des volumes déjà parus depuis 1897 :

Pourquoi suis-je catholique ? (1re série), 1 fr.

Qu'ai-je trouvé dans l'Eglise romaine ! (2e série), 1 fr.

L'ancien et le nouveau Testament sont-ils des fables ? (3e série) 1 fr.

Pourquoi les Congrégations religieuses ? (Extrait de la 2e série) 0 fr. 20.

Catholicisme et protestantisme, (Extrait de la 2e série), 0 fr. 20.

Pendant la mission, (Extrait de la 1re série), 0 fr. 20.

Après la mission, (Extrait de la 1re série), 0 fr. 05.

Faut-il une religion ? par l'abbé Guyot ; (S. R.), 0 fr. 60.

Nécessité scientifique de l'existence de Dieu, par P. Courbet ; (S. R.), 0 fr. 60.

Les raisons de ma croyance ; (S. R.), 0 fr. 60.

Du doute à la foi, par le P. Tournebize; (S. R.), 0 fr. 60.

Pourquoi y a-t-il des hommes qui ne professent aucune religion? par l'abbé Guyot; (S. R.), 0 fr. 60.

L'attitude du catholique devant la science, par G. Fonsegrive ; (S. R.), 0 fr. 60.

Le globe terrestre, par A. de Lapparent, (S. R.) ; 3 vol., ensemble, 1 fr. 80.

L'histoire de l'Eglise, par le P. Sifferlen; 1 fr. 50.

L'action sociale de l'Eglise, par A. Rastoul, 4 fr.

L'Eglise et le travail manuel, par l'abbé Sabatier. (S. R.), 0 f. 60.

L'Eglise et le droit des gens, par G. de Pascal, (S. R.), 0 fr. 60.

Papes et paysans, par G. Ardant ; Paris, Gaume, 0 fr. 60.

Le Vatican, les Papes et la civilisation, par Goyau ; Paris, Didot ; 2 volume, ensemble. 8 fr.

Le monde juif au temps des apôtres, par l'abbé Bourbier. (S. R.), 2 volumes. 1 fr. 20.

Le christianisme et l'empire romain de Néron à Théodose, par P. Allard ; Paris, Lecoffre, 3 fr. 50.

Histoire des Persécutions, du 1er au 4e siècle, par P. Allard, 3.50.

Les esclaves chrétiens, par P. Allard ; Paris, Lecoffre, 4 fr.

Serfs et mainmortables, par P. Allard ; 3 fr. 50.

Ce que le christianisme a fait pour la femme, par G. d'Azambuja ; (S. R.), 0 fr. 60.

La France chrétienne dans l'histoire, Paris, Didot, 4 fr.

Charlemagne et l'Eglise, par de la Servière, (S. R.), 0 fr. 60.

Mahomet et son œuvre, par L. Gondal, (S. R.), 0 fr. 60.

St-Louis et son temps, par Wallon ; — Tours, Mame.

La Chevalerie, par Léon Gauthiers ; — Tours, Mame.

Vie de St-Dominique, par le P. Lacordaire ; — Paris, Poussielgue, 3 francs.

Vie de St-François d'Assise ; Paris, Poussielgue, 3 fr, 50.

Vie de Jeanne d'Arc, par E. Keller.

Jeanne d'Arc, par Marius Sepet ; Paris, Lecoffre, 2 fr.

Jeanne d'Arc a-t-elle abjuré ? par Ph. Durand ; S. R., 0 fr. 60.

Origine du protestantisme, par E. Laffay, S. R., ; 3 vol., 1 fr. 80.

L'Eglise catholique et les protestants, par G. Romain, S. R., 0 fr. 60.

De la prospérité comparée des nations catholiques et protestantes, par le P. Flamérion : S. R., 0 fr. 60.

L'Inquisition, par G. Romain, S. R., 0 fr. 60.

La St-Barthélemy, par H. Hello, S. R., 0 fr. 60.

Le Procèsde Galilée, par Jaugey ; Lyon, Briguet, 1 fr. 50.

La Révolution de l'Edit de Nantes, par Didier, S. R., 0 fr. 60.

La Révolution Française, par le chanoine Touzery (Rodez, Imprimerie catholique.)

Le Concordat, par Body ; Lyon, Chronique du Sud-Ouest, 1 fr.

L'Église et l'enseignement populaire sous l'ancien régime, par Allain (S. R.), 0 fr. 60.

La révolution et la liberté, par Constant ; Paris, Gaume, 2 f. 50.

Le Pape et la liberté, par Constant ; Paris Gaume, 2 fr.

Le syllabus et les principes de 89, par E. Keller.

La déclaration des droits de l'homme, par J. Brugerette, (S.R.), 0 fr. 60.

La liberté de conscience, par l'abbé Canet, 3 fr. 50,

La liberté d'enseignement, par A. Laurent (S. R.), 0 fr. 60.

La liberté de penser et la libre-pensée, (S. R.) 0 fr. 60.

La Franc-Maçonnerie contre la liberté, par F. Veuillot, (S. R.) 0 fr. 60.

La Franc-Maçonnerie, par J. Bertrand; (S. R.) 0 fr. 60.

L'État, c'est nous ! Nos francs-maçons actuels dévoilés (B.P.), 0 fr. 50.

La congrégation du Grand-Orient et les congrégations à la Chambre française en 1901. (B P.) 0 fr. 50.

La Franc-Maçonnerie, voilà l'ennemi! discours de Mgr Delamaire, 0 fr. 25.

Histoire et légende de la Congrégation, par J. M. Villefranche, (S. R.) 0 fr. 60.

La persécution depuis 15 ans, par un Patriote; (B. P.), 0 fr. 15.

H. — Projets de Bibliothèque pour Cercle rural (1)

BIBLIOTHÈQUE SOMMAIRE. — N° 1.

Manuel social, du chanoine Dehon,	1 fr. 50
Annuaire-alm., de l'Action populaire,	1 fr. 50
Encyclique Rerum novarum,	0 fr. 05
Série de 6 public. à 0 fr. 05 et des 4 public. à 0 fr. 40 de la Bonne Presse,	1 fr. 90
Manuel d'Agriculture, de de Barrau,	2 fr.
Le petit Vigneron aveyronnais.	0 fr. 50
Une caisse rurale ; — le syndicat agricole ; — assurances mut. contre la mortalité du bétail ; — la mutualité 2 br. ; — (en tout 5 brochures, A. P. à 0 fr. 25) :	1 fr. 25
Objections de l'abbé Garnier,	0 fr. 15
TOTAL...	8 fr. 85

(1) Pour faciliter le choix des livres et brochures contenus dans la bibliographie précédente, nous indiquons ici, à titre d'exemple, comment pourrait être constitué, suivant les ressources dont on dispose, la bibliothèque d'un cercle rural.

Nous n'y faisons pas figurer les abonnements aux Revues des Jeunes qui grèvent le budget annuellement. Elles n'en sont pas moins indispensables et doivent constituer une dépense obligatoire pour les groupes.

S'adresser à M. Henri CÉLIÉ, libraire, rue d'Armagnac, Rodez.

BIBLIOTHÈQUE PLUS IMPORTANTE. -- N° 2.

En sus des ouvrages précédents :

La reconstitution des vignes, par le plant américain. 0 fr. 75

Calendrier agricole ; — médecine vétérinaire ; — les animaux de la ferme (3 ouvrages B. P. à 1 fr., 3 fr.

Manuel d'économie sociale, de J. Michel. 2 fr.

Les associations agricoles en Belgique, par Max Turmann. 3 fr. 50

Institutions populaires agricoles. 0 fr. 10

Le conférencier agricole, (2 br.) ; — le syndicat agricole de la Champagne ; — un curé et ses œuvres rurales ; — le Volksverein ; — (en tout 5 brochures A. B. à 0 fr. 35) ; 1 fr. 25

Brochures de la Paix sociale : par exemple, 15 brochures à 0 fr. 05. 100 tracts assortis à 2 fr., 3 brochures à 0 fr. 10 ; en tout : 3 fr. 05

Brochures du Comité de défense religieuse : par exemple, 5 tracts à 0 fr. 10 : 0 fr. 50

Le Play, l'homme, la méthode, la doctrine. 0 fr. 50

Les principes fondamentaux de la mutualité. 0 fr. 50

La crise agricole. 0 fr. 35

Manuel pratique des syndicats agricoles. 0 fr. 75

Les caisses rurales et la petite propriété. 0 fr. 50

Manuel pratique des caisses rurales. 1 fr.

Les caisses d'assurance mutuelle contre la mortalité du bétail. 0 fr. 20

Les machines agricoles à la portée de tous. 0 fr. 45

Les cercles d'études sociales. 0 fr. 50

Programme d'études pour groupes ruraux. 0 fr. 65

Le repos dominical. 0 fr. 50

L'État, c'est nous!	0 fr. 50
La congrégation du Grand-Orient.	0 fr. 50
La franc-maçonnerie, voilà l'ennemi!	0 fr. 12
Almanach du Sillon.	0 fr. 50
Causeries du Dimanche: abonnement,	3 fr.
Total.....	21 fr. 80

BIBLIOTHÈQUE N° 3.

En sus des ouvrages plus haut mentionnés :

Catéchisme d'Economie sociale, du *Sillon*.	2 fr. 75
Que faut-il faire pour le peuple?	4 fr.
Le pape, les catholiques et la question sociale.	3 fr.
Le prix de la vie.	4 fr.
Tracts du *Sillon*.	1 fr. 15
La situation économique de la France et de l'étranger.	0 fr. 50
Questions rurales.	3 fr. 50
Les syndicats agricoles et leur œuvre.	4 fr.
La coopération, par Hubert-Valleroux.	2 fr.
Le crédit agricole, par l'association coopér.	1 fr. 50
L'assurance mutuelle du bétail.	0 fr. 75
L'alcoolisme et ses remèdes.	2 fr.
La dépopulation de la France.	0 fr. 50
Les conférences, abonnement	3 fr.
L'Eglise et le travail manuel. — L'Inquisition. — La S. Barthélemy. — etc... (Vol. S. R.); 3 vol. à 0 fr. 60.	1 fr. 80
L'histoire de l'Eglise.	1 fr. 50
La liberté d'enseignement.	0 fr. 60
L'action sociale de l'Eglise.	4 fr.
Total	40 fr. 55

NOS ORGANES

I. — **Revue de la Jeunesse catholique,** organe mensuel de l'A. C. J. F. — Paris, 76, rue des Saints-Pères. — Un an : **8 francs.**

II. — **L'Echo des Œuvres Sociales du Sud-Ouest,** organe mensuel de l'U. R. M. — Tarbes, 41, rue des Grands-Fossés. — Un an : **2 francs.**

III. — **Le Sillon.** — Bimensuel. — Paris, 34, Bd. Raspail. — Un an **8 francs**; pour les groupes **5 francs.**

IV. — **Le Patronage** et son supplément bi-mensuel **les Jeunes,** organe de la Commission centrale des Patronages et des Œuvres de Jeunesse. — Paris, 7, rue Coëtlogon. — Un an : **5 francs.**

V. — **Le Labeur,** petite revue des Œuvres de la paroisse du Sacré-Cœur de Rodez, publiée par le Cercle d'Etudes Sociales du S. C., mensuel, — Rodez, 33 bis rue Saint-Cyrice. — Un an : **3 francs.** Pour les groupes : **2 fr. 50.**

Henri COLOMB Fils, Rue Combarel, 14

www.ingramcontent.com/pod-product-compliance
Lightning Source LLC
Chambersburg PA
CBHW071232290326
41931CB00037B/2790
* 9 7 8 2 0 1 3 7 5 9 2 7 4 *